経済安全保障と先端・重要技術

―― 実践論 ――

風木　淳

信山社

はしがき

本書は、経済安全保障と先端・重要技術について、米国、中国、欧州及び日本の政策の動向を俯瞰し、実務の観点から領域や技術ごとのケース・スタディを通じて実践論を展開し、今後の課題を提示するものである。政策の企画立案、実施、執行及び検証、そのための調査研究、情報収集及び分析に資するとともに、内外情勢や政策を踏まえた組織経営上の判断にも役立つよう、産学、政官含め内外の関係者の実践的な仕事の一助となることを企図している。

2015年頃から顕在化し始めた先端・重要技術を巡る米国と中国との技術覇権争い、2020年1月からのコロナ感染症の拡大による世界経済におけるサプライチェーンの脆弱性の露呈、2022年2月24日からのロシアのウクライナへの軍事侵攻・侵略、台湾有事の議論など、世界経済と安全保障を巡る動きが激しくなる中で、経済安全保障と先端・重要技術を中心に議論を行う。

全体を通じて軸となる仮説は、世界中が希求する「世界経済の持続的成長」と日本の「国家・国民の安全を経済面から確保すること」あるいは「我が国の平和と安全や経済的な繁栄等の国益を経済上の措置を講じ確保すること」というゴール・目的を目指す上で、①政府全体の取組と各界の関係者の大局的・俯瞰的視点が重要であること（a whole of government approach、a holistic approach（a big picture approach））、②同じゴールを目指す内外の関係機関・関係者との連携（国レベルでは同志国連合も含む）、官民の連携が重要であること（alignment with like-minded partners、public-private partnership）、③人材交流・育成と広く関係者との意思疎通が重要であること（talent ecosystem、communications）の3点である。

第1章では、経済安全保障と先端・重要技術を巡る世界の動きと定義を扱う。第2章では、日本の経済安全保障と先端・重要技術の政策展開を扱う。第3章では、経済安全保障推進法と先端・重要技術／国家安全保障戦略における位置付けを扱う。第4章では、経済安全保障と企業経営・対外経済政策（通商政策）を扱う。第5章では、ロシアのウクライナ侵略・経済制裁のケース・スタディを扱う。第6章では、経済安全保障と先端・重要技術のケース・スタディとして半導体、量子、AI、バイオテクノロジー、レアアースを扱う。

本書は、筆者が主に2021年から2022年の間に幾つかの大学の大学院、内外の研究機関・シンクタンク、法律事務所、事業者団体等で行った講演・講義の内容やその他の内外における調査研究について、令和5年初頭時点で学術的観点も含め総括的にまとめたものである。2021年秋の経済産業研究所の公開ウェビナーでの講演（*Economic Security Policy as Growth Strategy and Recent Developments in Trade Rules,* RIETI, September 6, 2021）における議論や2022年秋の米国ブルッキングス研究所でのパネル（*Economic security in the Indo-Pacific: Implications for US-Japan relation,* Brookings Institution, November 7, 2022）における議論、そしてその前後の最新状況についての国内及び国外の各方面からのフィードバックなどを含め、上記の軸となる仮説を念頭に検証を行ってきた。その際、当初の段階から英語による対外発信や海外シンクタンク・有識者との議論を重点的に行った。

公開情報をベースに議論を展開しており、軸となる仮説は普遍的に通用することを想定して論じているが、それぞれの記載における最新の数字や制度の事実関係は読者がその時点での更新情報・アップデートに留意する必要がある。引用や参考のホームページ等の出典先リンク等については一般的に検索可能なレベルのものは一部割愛した。公開情報や学術的文献のレビューの範囲や勘所については、筆者が過去に所属した関係省庁やパリのOECD事務局、あるいはジュネーブのWTO代表部関係、通商・貿易、安全保障、資源、製造業、経済成長戦略などの政策関係、大学・大学院関係の経験などの影響があり、実務の実践論に着目したものとして、各個別学術分野の専門家から見て至らぬところはご容赦願いたい。また、当然のことながら、本書は、筆者が現在・過去に所属した組織の見解ではない。

2023年2月

風木　淳

【目　次】

第1章

経済安全保障と先端・重要技術を巡る世界の動きと定義

1　概観・経済安全保障の定義

AIや量子など急速に発展する先端・新興技術や半導体などサプライチェーン上で欠かせない基盤となる重要技術の発展が著しい。先端・重要技術は「機微技術」ともいわれ、技術管理の対象も大企業だけでなく、大学・研究機関、中堅・中小企業やスタートアップなどに拡大している。

2015年頃より「中国製造2025」や「軍民融合戦略」を掲げ、効率的・非対称的に軍事能力を高める中国の脅威を受け、米国を中心に先端・重要技術の輸出管理や投資管理、その執行強化、更には大型研究投資が進み、日本や欧州での動きも加速している。経済と安全保障の問題がより密接に関連して議論され始めた。本章でまずは「経済安全保障」の定義について論じることとしたい。

「経済安全保障」が先端・重要技術と密接に関連しながら政府文書に体系的政策群として記載されたのは、2021年6月の骨太方針(1)・成長戦略実行計画(2)・統合イノベーション戦略2021(3)が初めてである。それまでは「知る」「守る」「育てる」の統合イノベーション戦略2020(4)の考え方や機微技術流出防止やサプライチェーン強化、あるいは海洋安全保障、サイ

(1)「経済財政運営と改革の基本方針 2021 日本の未来を拓く4つの原動力――グリーン、デジタル、活力ある地方創り、少子化対策」https://www5.cao.go.jp/keizai-shimon/kaigi/cabinet/2021/2021_basicpolicies_ja.pdf（2023年1月9日確認）。

(2)「成長戦略実行計画 2021」https://www.cas.go.jp/jp/seisaku/seicho/pdf/ap2021.pdf（2023年1月9日確認）。

(3)「統合イノベーション戦略 2021」https://www8.cao.go.jp/cstp/tougosenryaku/togo2021_honbun.pdf（2023年1月9日確認）。

(4)「統合イノベーション戦略 2022」https://www8.cao.go.jp/cstp/tougosenryaku/togo2022_honbun.pdf（2023年1月9日確認）。

バー・セキュリティ、エネルギー安全保障や食料安全保障の観点で多義的に用語が使用されてきた。

米国ではエコノミック・ステイトクラフト（Economic Statecraft）として語られることが多く、経済的手段で対外政策の目的を達成する場合に使われる。とりわけ経済制裁が手段として使われる場合に多用される。したがって、経済安全保障（Economic Security）の概念や定義は必ずしも一般的ではないが(5)、先端・重要技術に着目した技術保全・守る（protection）と開発促進・育てる（promotion）の側面では、米国、中国、欧州、日本で共通項が見られ、その内容については以下で触れる。

経済安全保障推進法(6)の審議の際、小林鷹之経済安保担当大臣（当時）は、2022年3月23日の衆議院内閣委員会で「経済安全保障は多岐にわたる新しい課題であって、我が国を含めて、その定義という意味では、主要国において確立したものがあるわけではありません。この法案においても、特段、定義づけというのは行っておりませんが、あえて分かりやすく申し上げれば、国家そして国民の安全を経済面から確保することと言えるのではないかと思います。」と述べており、この「国家・国民の安全を経済面から確保する」が最も基本的な一般的に分かりやすく使われてきた定義と捉えられる。さらに、2022年12月16日に閣議決定された国家安全保障戦略においては、「我が国の平和と安全や経済的な繁栄等の国益を経済上の措置を講じ確保することが経済安全保障」と明記しており、平和と安全に加えて経済的な繁栄等も国益としてより明確に整理した上での日本政府の閣議決定レベルの正式な文書上の定義はこの「我が国の平和と安全や経済的な繁栄等の国益を経済上の措置を講じ確保すること」となっている。

---

(5) 米国レモンド商務長官演説で「economic security」の文言は半導体関連で使われている。https://www.commerce.gov/news/speeches/2022/11/remarks-us-secretary-commerce-gina-raimondo-us-competitiveness-and-china（2023年1月9日確認）。
日EU首脳会議（2022年5月12日）では首脳レベルで「economic security」の文言を初めて使用。https://www.mofa.go.jp/files/100343125.pdf パラ9。（2023年1月9日確認）。

(6) 経済安全保障推進法概要は以下を参照。https://www.cao.go.jp/keizai_anzen_hosho/index.html（2023年1月9日確認）。

一方で「経済安全保障」は以下のとおり分析的な見地から学術的にも様々な定義があり、関連する議論は日本及び諸外国の政策分析に視座を提供するものと考えられる(7)。

「経済安全保障」について、1980年代に一定程度議論が行われたが、確立した定義はないとしつつ、①経済的な力を安全保障目的や外交目的のために利用すること（エコノミック・ステイトクラフト）、②経済レジリエンスの確保、重要インフラの保護などのための諸措置をとること、③自由で開かれた国際経済秩序を維持・強化の主に3つに分類する考え方が指摘されている。それら3つが排他的で. なく相互補完的であり、③は国際経済法学で多くの蓄積があるが①と②は一層の検討が必要との指摘がある(8)。

エコノミック・ステイトクラフトに焦点を当てて「経済安全保障」を、サプライチェーン、技術不拡散、他国の規制、の3つの視点から整理する考え方も多い(9)。

この他、更に範囲を軍事面や国家安全保障に広げ「経済と安全保障のリンケージ」で捉える考え方がある。2つの分類により、①経済と軍事力が関連する措置として、輸出管理、投資審査、武器移転、武器国産化、在日米軍駐留経費負担（HNS）などと、②経済が安全保障上の交渉力に関連す

---

(7) 中村直貴「経済安全保障──概念の再定義と一貫した政策体系の構築に向けて」『立法と調査』第428号（2020年）。国分俊史『エコノミック・ステイトクラフト──経済安全保障の戦い』（日本経済新聞出版、2020年）。北村滋『経済安全保障──異形の大国、中国を直視せよ』（中央公論社、2022年）。

(8) 中谷和弘「国家安全保障に基づく経済制裁措置──国際法的考察」『日本国際経済法学会年報』第31号（2022年）122-140頁。中谷和弘他「ポスト／ウイズコロナ時代における国際経済法上の諸課題と日本企業の国際的リスクへの法的対応」『経団連21世紀研究所報告書』（2022年）。

(9) 鈴木一人「エコノミック・ステイトクラフトと国際社会」村山裕三編『米中の経済安全保障戦略──新興技術をめぐる新たな競争』（芙蓉書房出版、2020年）。政府による「技術経済安全保障」の歴史や各省庁の取組を俯瞰したものとして村山裕三「日本の経済安全保障政策への展望」村山・前掲書。「戦略的不可欠性」をキーワードに提言したものとして、金子将史他 PHP Geo-Technology 戦略研究会『ハイテク覇権競争時代の日本の針路──戦略的不可欠性を確保し自由で開かれた一流国を目指す－提言報告書』（PHP総研、2020年）。技術と軍事に焦点を当てたものとして、道下徳成編著『「技術」が変える戦争と平和』（芙蓉書房出版、2018年）。「先端技術」に焦点を当てた取組として「経済安全保障研究プログラム」東京大学先端技術研究センター玉井克哉他（2020年～）、「地経学」と経済安全保障に取組ついては、地経学研究所鈴木一人他（2022年）の定期的発信がある。

る措置として、経済制裁・経済的強制、エネルギー・食料安全保障、関与政策、サプライチェーンの多角化・強靭化、人間の安全保障などがあるとするものである[(10)]。

また、経済安全保障については、軍事、インテリジェンス（特にサイバー・インテリジェンス）、外交、科学技術、通信、産業、科学技術予算配分にわたる非常に幅広い知識が必要であり、なかなか総合的にまとまった本がないとの指摘もある[(11)]。

経済安全保障を追求すれば安全保障に係る規制と経済の利益が相反する懸念が生じる場合もあり得るが、政府は二兎を追う必要があり、定義の在り方を突き詰めると経済安全保障の政策を誰がどう策定すべきかの政府組織のガバナンスの問題に突き当たるとの指摘もある[(12)]。

この他にも定義を巡る様々な見方があるが、定義の仕方は政策の分析ツールとして有用であると理解した上で、本稿では、政策と実践に焦点を当てる立場から前述の最も基本的で一般的な「国家・国民の安全を経済面から確保すること」あるいは、より明確に平和・安全に加えて経済的繁栄等の国益を示した「我が国の平和と安全や経済的な繁栄等の国益を経済上の措置を講じ確保すること」が「経済安全保障」とされた閣議決定上の正式な定義を念頭に進めたい。また、欧米との議論においても一定の結節点が見られる「守る政策」（protection/defensive policy）と「育てる政策」（promotion/offensive policy）の整理を念頭に置きながら議論していきたい[(13)]。前者は輸出管理、投資管理、研究インテグリティなどが典型であり、後者は、半導体分野で顕著な国家による財政的な支援措置が典型であ

(10) 飯田敬輔他『経済・安全保障リンケージ研究会中間報告書』（日本国際問題研究所、2022年）。

(11) 兼原信克『安全保障戦略』（日本経済新聞出版、2020年）415頁。

(12) 太田泰彦『2030半導体の地政学――戦略物資を支配するのは誰か』（日本経済新聞出版、2021年）43-45頁。

(13) ジム・ショフ他米国笹川平和財団“NEXT Alliance Conference Fall 2022, Annapolis, MD” https://spfusa.org/programs/next-alliance-conference-fall-2022-annapolis/（2022年11月4～7日、2023年1月9日確認）。ミレア・ソリス“Economic Security: Boon or Bane for the US-Japan Alliance?” https://spfusa.org/wp-content/uploads/2022/12/NAC-Dr.-Mireya-Solis.pdf（2023年1月9日確認）。

ると考えられる(14)。

2　米国が展開する主要な経済安全保障政策

米国は、安全保障上の重要な技術の管理について世界をリードする存在であり、2010年代から顕著になったAIや量子などゲーム・チェンジャーとなり得る新興技術の急速な発展や情報通信技術の基盤となる半導体技術の戦略的重要性の高まりを受けて、国内の輸出管理改革などを進めてきた。とりわけ2015年頃より「中国製造2025」や「軍民統合戦略」を政府の方針として掲げて軍事能力を高める中国の脅威を受け、先端・重要技術に係る取組を加速した。米国の国防授権法（NDAA）2019では、「守り」の輸出管理や投資管理の強化に加え、「育てる」の最先端技術の研究開発への財政支援についても盛り込まれた。その後、輸出管理法2018をベースに2019年、2020年と米国産技術を活用した半導体や半導体製造装置輸出を規制する直接製品規制ルールをはじめ対中国での規制を強化し、特定の主体への域外適用を含む一方的措置も導入した。2021年のバイデン政権発足後も同盟国・同志国を重視する姿勢に転換したものの、基本的な枠組みに変更はない。2002年8月に成立したCHIPS法（The CHIPS and Science Act of 2022）では、半導体について5年間に527億ドル（約7兆円）の支援を決定した。2022年10月7日に導入した半導体の対中輸出規制については安全保障上の技術優越を図る包括的な規制であり本書の半導体関連部分で取り上げる。以下の〈表1〉が米国の経済安全保障政策の概観である。

〈表1　米国が展開する主要な経済安全保障政策の概観〉

最近の輸出管理、投資管理、政府調達等

○輸出管理強化（ECRA等）

(14) ミレヤ・ソリス（ブルッキングス研究所）「現実的な対中戦略構築事業 ワーキングペーパー Vol. 5――日米デジタル同盟に向けて」（笹川平和財団、2021年）が日本の半導体産業支援策について論じている。https://www.spf.org/iina/articles/mireya-solis_01.html（2023年1月9日確認）。

・対中国半導体輸出規制強化（2022年10月7日）
・外国直接製品規制（FDPR）強化
—ファーウェイ・関連会社等へ先端半導体供給を規制。
・エンティティリストの拡大（SMIC・DJI・CCCC等）
—半導体・人権侵害・南シナ海・営業秘密窃取等。
・香港向け特例措置の廃止　　　　　　　　　等

○投資管理強化（FIRRMA）等
・投資管理の事後介入／事前審査の強化
—機微技術や重要インフラに関する取引について強化。
・中国人民解放軍関連企業へ投資禁止
—ファーウェイ・SMIC等への米国からの投資を禁止。

○情報通信技術サプライチェーンからの中国排除
・政府調達規制（通信／ビデオ監視機器）
—ファーウェイ、ZTE、ハイクビジョン、ダーファ、ハイテラおよび関連会社からの政府調達・使用を禁止。
—5社の機器を使用する別の事業者からの調達も禁止。
・FCC認証禁止の規則
—上記5社の製品・サービスを米国市場から締め出し。
・ICTS民間取引の許可制導入
—インフラ・通信・個人情報・新興技術等にかかる中国の情報通信技術・サービスの取引をインフォーム／事前申請で審査。事前および事後の介入が可能。

エマージング技術及び基盤技術への対応

○エマージング技術14分野の機微技術管理
・エマージング技術の輸出・投資管理拡大
—AI・量子等について検討。
・エマージング技術の生産基盤技術（半導体等）も検討

○経済スパイ対策の強化
・「千人計画」等の取締り
・大学等の研究機関における研究インテグリティ確保を推進

機微技術開発支援

○機微・新興技術戦略に基づく技術優位性の確保

・「機微・エマージング技術国家戦略」(National Strategy for Critical Emerging Technology)
―機微・エマージング技術 20 分野を特定（2020 年 10 月に発表し 2022 年にアップデート）。
―技術管理・開発や同志国連携の重要性。
○半導体産業支援策
・CHIPS 法（2022 年 8 月大統領署名・成立）
―5 年間で 527 億ドル（約 7 兆円）支援。
―生産＋研究開発促進。
―信頼できる半導体及びサプライチェーン構築の同志国連携。
・台湾 TSMC 工場のアリゾナ誘致

＊公表資料ベースに筆者整理

3　中国が展開する主要な経済安全保障政策

中国は 90 年代からの対外開放路線、2001 年の WTO 加盟を経て急速に経済発展を遂げてきたが、2008 年のリーマン・ショック、世界金融・経済危機後の早い回復と 2009 年頃からの自主創造政策（indigenous innovation policy）の推進を通じ、単なる世界の工場から自国での技術革新の推進に注力してきた。とりわけ 2015 年の「中国製造 2025」では、2025 年までに製造強国へ仲間入りし、2035 年までに世界の製造強国の中等レベルに到達し、2049 年（建国 100 周年）までに製造強国のトップとなることを目指し、方針や戦略を掲げ次世代情報通信技術をはじめ 10 の重点分野の技術の発展を実現するとした。この 2015 年は「軍民融合戦略」(Military Civil Fusion）を国家の政策として明示し始めた年でもあり、民間技術の軍事転用と軍事技術の民間転用を併せて効率的に推進しようと試みている。重要技術への支援措置として顕著なのが半導体であり、2014 年・2019 年に合計約 5 兆円規模の「国家集積回路産業投資基金」が設置されており、さらに各地方政府にも、合計約 5 兆円を超える半導体産業向けの基金があり、合計 10 兆円超の公的資金が投入されている[(15)]。また、2020 年 4 月習近平国家主席は「強固なサプライチェーン構築に加え、キラー技術育成・グローバルサプライチェーンの中国依存強化を通じた外国に対する反撃・

抑止力の構築を志向する」として「攻め」のツールとしてサプライチェーンを活用するとしている[16]。2020年12月に施行された輸出管理法はじめ、自らの技術やデータの囲い込みに加え、米国の一方的措置や域外適用への対抗措置を定めるなど制度的な整備も進めている[17]。以下の〈表2〉が中国の経済安全保障政策の概観である。

〈表2　中国が展開する主要な経済安全保障政策の概観〉

最近の輸出管理強化

○輸出管理法（2020年12月施行）

・規制品リストの整備や、特定品目の輸出を禁止する主体を定めるリストの導入、みなし輸出、再輸出規制導入、域外適用の原則、報復措置を記載。

—産業・通商目的での輸出管理の合法化や域外適用による日本企業の活動阻害のおそれ。

・工業情報化部は、輸出管理法規の遵守、トレーサビリティシステム構築等を定めた「レアアース管理条例」案を公表。

○輸出禁止・制限技術リストの改定

・対外貿易法に基づく「輸出禁止・制限技術リスト」に、AI、暗号チップ設計、量子暗号、高性能検知、ソフトウェアセキュリティ関連を追加。

—当時米国企業への売却が検討されていたTikTokのコア技術（AI）も該当。

○「信頼できない主体リスト」規定の公布・施行

・中国版エンティティ・リスト

—中国における貿易・投資等を禁止・制限されるが、規制内容が不明確であり、恣意的な運用の懸念。

---

(15) 世界の支援措置を俯瞰したものとして経済産業省「半導体戦略（概略）」(2021年6月4日）4頁 https://www.meti.go.jp/policy/mono_info_service/joho/conference/semicon_digital/20210603008-4.pdf（2023年1月9日確認）。

(16) 習近平「国家中長期経済社会発展戦略若干重大問題」求是2020年第21号（2020年11月1日）http://www.qstheory.cn/dukan/qs/2020-10/31/c_1126680390.htm（2023年1月9日確認）。

(17) 中国のCPTPP加盟申請を捉えて中国のグローバルガバナンスへの関与（「制度性話語権」含む）、対抗立法の整備、一帯一路などの成長戦略を包括的に分析したものとして、渡邊真理子・加茂具樹・川島富士雄・川瀬剛志「中国のCPTPP参加意思表明の背景に関する考察」RIETI Policy Discussion Paper Series 21-P-016（2021年）。

機微技術開発支援

○量子研究開発支援策

・量子コンピュータを重大科学技術プロジェクトとして位置付け。量子情報科学国家実験室の整備等のため に約70億元（1,200億円）を投資。

○半導体産業支援策

・「国家集積回路産業投資基金」を設置（2014年、2019年）
—半導体関連技術へ計5兆円を超える大規模投資。

○「千人計画」

・海外高度人材をリクルート
—米国は中国政府の技術窃取プログラムとして警戒。

サプライチェーンの「反撃・抑止力」の構築

○中央財経委員会での習近平による講話

・習近平主席は2020年4月、強固なサプライチェーン構築に加え、キラー技術育成・グローバルサプライチェーンの中国依存強化を通じた外国に対する反撃・抑止力の構築を志向することを講話で表明。

＊このほか、

・2021/1/9 他国法令等の域外適用遵守を禁止する権限を商務部に付与する規則「外国の法律・措置の不当な域外適用を阻止する弁法」を公表・施行。

・2020/12/19 国家安全法（2015）に基づき、国家安全に影響する投資等への事前審査を定めた「外商投資安全審査弁法」を公布。2021/1/18施行。

・2021/6/10　外国の制裁措置に対し、中国国内の動産や不動産の差し押さえなどを含む報復措置を可能とする「反外国制裁法」を公布・施行。

＊公表資料をベースに筆者整理

4　EUが展開する主要な経済安全保障政策

EUは、これまで戦後、執行機関である欧州委員会を中心に域内統合・拡大を推進し、モノ、サービス、人、通貨など経済分野での制度整備や対外政策を進めてきたが、安全保障については、歴史的には各国の権限が強く、例えば、先端・重要技術に関する安全保障上の輸出管理についても基本的には各国の制度がベースとなっている。戦後復興のマーシャル・プランを起源とする経済協力開発機構（OECD）が経済成長、自由貿易、開発をミッションとし米国と欧州諸国をはじめ先進国間の協調を行う一方で、北大西洋条約機構（NATO）が軍事同盟として機能し、国連安全保障理事会を中心に安全保障が議論されてきた流れがある。他方で2015年以降の米国の動きに呼応した形で徐々に経済と安全保障の関連で調整機能を高める措置が増えている。具体的には、国際輸出管理レジュームに沿ったデュアルユース品目の各国による執行に関して、2016年から始まった輸出管理の新規則案により、調整メカニズムの設置やサイバー監視技術・人権侵害関連の輸出管理のルール設定を行い2021年9月に施行に至っている。この他、2019年4月には対内直接投資審査の包括的規則を導入している。こうした動きの包括的な考え方として、2021年2月に新たな貿易政策として「開かれた戦略的自立」（Open Strategic Autonomy）を公表した。同年には、市場歪曲的な外国補助金を受ける企業への市場集中調査や公共調達排除を行う反外国補助金規則案や第三国による強制的措置の防止及び対抗措置に関するEU規則案を公表している。以上の守りの措置に加え、育てる措置としては、2022年2月に、半導体不足による自動車や医療機器製造への影響などサプライチェーン懸念を踏まえて「欧州半導体規則案[18]」を公表しており、2030年にEUの半導体市場シェアを現在の10％から20％以上へと引き上げることや官民430億ユーロ投資など戦略的目標が設定されている。以下の〈表3〉がEUの経済安全保障政策の概観である。

〈表3　EUが展開する主要な経済安全保障政策の概観〉

最近の輸出管理、投資管理等

○新輸出管理規則（2021年9月）

・サイバー監視技術管理を導入。人権侵害の用途に使用され得る場合キャッチオール規制（当局からの通知又は輸出者のKnow要件）により許可制。
—EUはデュアルユース品目について国際レジュームに沿った共通規制

---

(18) 欧州半導体規則案"*Communication from the Commission to the European Parliament, the Council, the European Economic and Social Committee and the Committee of the Regions: A Chips Act for Europe*, COM (2022) 45 final (Feb. 8, 2022)"。

リストを有し、各加盟国が執行。今般、サイバー監視技術について EU 主導で加盟国向けルールを策定した。

・執行調整メカニズム強化

―欧州委内にデュアルユース調整グループを設置し、加盟国間の情報共有強化。また、米 EU 貿易技術評議会（Trade and Technology Council（TTC）21 年 9 月～）でエマージング技術の協力強化。

○対内投資管理強化（2019 年 4 月）

・対内直接投資審査（スクリーニング）の包括的規則を導入

―機微技術や重要インフラに関する域外・第三国との取引について審査を強化・加盟国間で情報共有。(2020 年 10 月全面適用。加盟国は順次制度整備)

○反外国補助金規則案（2021 年 5 月）

・市場歪曲的な外国補助金を受ける企業への域内での市場集中調査、公共調達排除を検討。

新たな貿易政策の公表

○新たな貿易政策の公表：オープンな戦略的自律（Open Strategic Autonomy）（2021 年 2 月）

・EU が（他国に影響されない）自律した選択を行い、EU の戦略的利益と価値を反映したリーダーシップとエンゲージメントにより周辺国・世界に影響力を発揮するコンセプト。

○第三国による強制的措置の防止及び対抗措置に関する EU 規則案（2021 年 12 月）

・第三国による、経済的威圧（economic coercion）に対し貿易・投資措置を活用した対抗措置を講じる権限を欧州委に付与（欧州委は会見でリトアニアの輸出品が中国で通関できない事例に言及）。

技術開発支援

○ EU 産業戦略 2020（2021 年 5 月更新）

・EU の外国依存度の高い品目の分析等を踏まえ、各分野毎の支援の方向性を提示（バッテリー、原材料、水素、半導体、クラウド等）。

○安保機微技術ロードマップ（2022 年 2 月）

・機微技術の安保ニーズに対応した研究開発やイノベーション促進の方向性を提示。デジタ　ルやサイバー・セキュリティ、AI 関連の取組、欧州半導体法案（2030年までに官民430億ユーロ投資）などによるイノベーション促進、標準化戦略、重要分野への予算の重点配分などに言及。

＊公表資料をベースに筆者整理

第2章

日本の政策展開（経済安全保障と先端・重要技術）

1 概 観

経済安全保障政策が体系的に整理される前段階として、日本においては、先端・重要技術を巡っては、①外国為替及び外国貿易法に基づく輸出管理や不正競争防止法に基づく営業秘密管理といった機微技術管理政策、②製造業のサプライチェーン強化に関連する支援措置などいわゆる経済成長戦略の中での政策、③科学技術基本計画や統合イノベーション戦略に基づく科学技術イノベーション政策、④防衛大綱などに基づく防衛技術・装備政策[19]などが関連しながらもそれぞれの枠組みで進展してきた。この中で科学技術イノベーション政策については、技術のシーズを中心にその将来の社会実装も見据えた施策が展開される一方、防衛技術・装備政策については、防衛のニーズに沿って施策が進められてきており、従前より技術の流出を防止する「守り」と、技術を振興する「攻め」の包括的なアプローチや、「シーズ」と「ニーズ」のマッチングについては正面から整理されたことはなかった。更には安全保障の観点から様々な「脅威」シナリオに沿った重要な技術の特定やサプライチェーンの分析などが正面から包括的になされることはなかった。

2013年12月の国家安全保障会議設置後の日本初の国家安全保障戦略[20]では、デュアルユース技術含めた技術力の強化、サイバー・セキュリティ強化、宇宙分野、海洋分野、防衛生産・技術基盤の強化、防衛装備移転三

(19) 防衛装備移転三原則（2014年4月1日閣議決定）については、防衛技術・装備政策と機微技術管理が関連し、外為法に基づき経済産業大臣が執行を行っている。風木淳「防衛装備移転三原則：制度について」（日本安全保障貿易学会第18回研究大会報告、2014年）。

(20) 国家安全保障戦略（2013年12月17日閣議決定）https://www.cas.go.jp/jp/siryou/131217anzenhoshou/nss-j.pdf（2023年1月9日確認）。

原則策定（2014年4月）に向けた対応などにも言及がなされた。

その後の国際情勢、エマージング技術の急速な発展、米中技術覇権争いなどを背景に各政策が「経済安全保障政策」として政府全体の戦略的な動きとなった。また、コロナ感染症の拡大、ロシアのウクライナ軍事侵攻・侵略、更には台湾有事の議論は、経済安全保障政策と先端・重要技術の関連施策の推進の意義を一層認識させることとなった。

日本の政策の流れについては、政府内、立法府、与野党、専門家、メディア含めダイナミックな流れがあるが[(21)]、以下では政府文書を中心に経済安全保障政策が体系化された経緯の一つの流れを説明する。

2　産業構造審議会安全保障貿易管理小委員会の中間報告2019

2019年10月の産業構造審議会安全保障貿易管理小委員会の中間報告は、これまでに触れた米国などの動きを捉えて「知る」「守る」「育てる」の分類に沿って具体的に必要な政府の措置や施策を列挙したものであり、具体的な実施に繋がっていったところが特徴的である。本報告書の直後には長年の懸案であった対内直接投資制度の見直しが行われた。具体的な施策の内容は以下の〈表4〉のとおりである。

〈表4　産業構造審議会安全保障貿易管理小委員会中間報告概要（2019年10月8日）[(22)]〉

統合的アプローチ：知る・守る・育てる

知る

・グローバルサプライチェーンにおける重要技術・企業の把握

・政府全体の体制強化や専門人材の育成・活用

(21)「経済安全保障戦略策定に向けて（提言）」（自由民主党政務調査会新国際経済秩序創造戦略本部、2020年12月20日）、「わが国が目指すべき経済安全保障の全体像について──新たな国家安全保障戦略策定に向けて」（自由民主党政務調査会経済安全保障推進本部、2022年10月4日）など、政治レベルのリーダーシップが発揮されている。

守る

（政府の措置）
- 対内直接投資管理制度の見直し
- 輸出管理制度の見直し
- 機微技術管理の視点からの外国人の受入れ審査の実施
- 研究開発における区分に応じた技術管理
- 機微技術情報の非公開化（論文や学会、特許出願等の在り方）
- 政府資金による研究成果の取扱い（ライセンシングポリシー、受託者における輸出管理に関する法令遵守の徹底）
- 営業秘密管理のエンフォースメント強化
- 産業保全

（大学・企業等の自主的取り組みが求められるもの）
- 適切な輸出管理体制の構築
- 研究開発等に携わる者の状況（他国企業と比較した相対的報酬レベル、退職時期等）を考慮した給与・報酬体系の見直し、機微技術の開発情報への適切なアクセス制限等

育てる
- 機微技術分野のR＆D推進
- 国際共同研究開発の推進（産業保全（セキュリティ・クリアランスを含む）、機微技術情報の非公開化）

3　統合イノベーション戦略2020

2020年7月17日に閣議決定された「統合イノベーション戦略2020」は、第6章「安全・安心」で日本として「知る」・「育てる」・「守る」の3つの側面で対応する統合的アプローチを示し、経済と安全保障が不可分な

(22) 産業構造審議会安全保障貿易管理小委員会 中間報告（2019年10月8日）https://www.meti.go.jp/shingikai/sankoshin/tsusho_boeki/anzen_hosho/pdf/20191008001_01.pdf（2023年1月9日確認）。本報告書の課題は第二弾の「中間報告」として2021年6月10日に公表されている。https://www.meti.go.jp/shingikai/sankoshin/tsusho_boeki/anzen_hosho/pdf/20210610_1.pdf（2023年1月9日確認）。解説については、風木淳「産業構造審議会安全保障貿易小委員会中間報告について」（日本安全保障貿易学会第32回研究大会基調講演、2021年9月26日）。https://www.cistec.or.jp/jaist/event/kenkyuutaikai/kenkyu32/01-01-kazeki.pdf（2023年1月9日確認）。

領域の重要技術について、「守る」側面では、研究成果の公開の在り方や特許制度の在り方、外国資金の受入れの在り方や留学生・外国人研究者の受入れの在り方について検討すべきとした。更に「育てる」側面では、重要な技術情報に係る資格付与の在り方、いわゆるセキュリティ・クリアランスの在り方を検討すべきとしている。主なポイントは以下の〈表5〉のとおりである。

〈表５　統合イノベーション戦略 2020（2020 年７月 17 日）の主なポイント[(23)]〉

統合イノベーション戦略 2020（6 章「安全・安心」）の主なポイント

知る

・国内外の最先端の研究開発動向等の情報集約と分析と、それを踏まえた重要技術課題の明確化等を行うシンクタンク機能を備えた体制作りの検討。

育てる

・重要な技術分野に予算、人材等を重点配分し、科学技術力を強化。
・重要な技術情報に係る資格付与の在り方：諸外国との連携が可能な形での情報取扱者への資格付与（セキュリティ・クリアランス）の在り方を検討。

守る

・研究成果の公開の在り方：政府資金による研究成果について、安全保障の観点から公開の在り方を判断する枠組みの検討。
・特許制度の在り方：イノベーション促進のため公開を原則とする特許制度について、機微技術流出防止の観点との両立が図られるよう、制度面も含め検討。
・外国資金の受入れの在り方：外国資金の受入状況等の情報開示を政府研究資金申請時の要件とし、虚偽申告等の場合は資金配分決定を取り消す等の枠組みの検討。
・留学生・外国人研究者の受入れの在り方：関係府省庁の連携による出入国管理やビザ発給の在り方の検討等、留学生等受入審査の強化に取り組む。

(23) 統合イノベーション戦略 2020（2020 年７月 17 日）https://www8.cao.go.jp/cstp/tougosenryaku/2020.html（2023 年１月９日確認）。

4　科学技術政策のこれまでの流れ

ここで科学技術政策のこれまでの歴史的な流れについて触れたい。もとより科学技術政策については、1995年に制定された「科学技術基本法」により、体系的に科学技術政策が実行されることとなり、第1期から第5期まで各5年の基本計画に沿って推進されてきた。2016年からの第5期基本計画は、新しい価値やサービスが次々と創出される「超スマート社会」を世界に先駆けて実現する「Society 5.0」を打ち出し、戦略的イノベーション創造プログラム（SIP）やムーンショット型研究開発制度といった社会課題解決型の大型プロジェクトを進めている。2020年に「科学技術基本法」は、人文社会科学を科学技術振興の中に含め「総合知」を目指すことや、更なるイノベーションの創出、研究者や新たな事業創出者を確保・養成することなど、内容を深めた「科学技術・イノベーション基本法」に改正された。現在は、2021年3月26日に閣議決定された「第6期科学技術・イノベーション基本計画」（2021-25）に沿った施策が進められている。国家安全保障との関係については、第5期基本計画（2016-2020）の中に「我が国の安全保障を巡る環境が一層厳しさを増している中で、国及び国民の安全・安心を確保するためには、我が国の様々な高い技術力の活用が重要である。国家安全保障戦略を踏まえ、国家安全保障上の諸課題に対し、関係府省・産学官連携の下、適切な国際的連携体制の構築も含め必要な技術の研究開発を推進する。その際、海洋、宇宙空間、サイバー空間に関するリスクへの対応、国際テロ・災害対策等技術が貢献し得る分野を含む、我が国の安全保障の確保に資する技術の研究開発を行う。」と記載され、本計画の前に策定されていた国家安全保障戦略（2013）との関連付けがされている。

2020年12月に成立した「科学技術・イノベーション創出の活性化に関する法律」は、知識・人材・資金の好循環の構築を目的としてイノベーションの活性化に更に重点を置いた制度改革を行った[24]。具体的には、大学・研究開発法人発ベンチャーへの支援強化のため、研究開発法人による出資の拡大（出資可能な研究開発法人の範囲や出資先（ベンチャーやベンチャーキャピタル）の拡大）や研究開発資金の柔軟な執行と多様化のため、個別の法改正によらない資金配分機関の基金造成を可能とするスキームを構築するなどを行った[25]。

第6期基本計画（2021-25）では、コロナ禍や内外の情勢変化（米中対立、気候変動等の脅威、GAFA 台頭の弊害等）を踏まえ、科学技術・イノベーション政策の3本柱として、①イノベーション力の強化（デジタル、カーボン・ニュートラル、レジリエンス、社会実装）、②研究力の強化（博士課程学生や若手・女性研究者支援、基礎研究や学術研究、人文・社会科学の振興、10兆円ファンドによる大学改革・経営体への転換）、③教育・人材育成（STEM 教育や GIGA スクール構想、リカレント教育）を掲げ、持続可能で強靭な社会への変化、「知」の創造、新たな社会への対応を通じて、目指す社会像として、国民の安全・安心が確保された社会、一人ひとりの多様な幸せが実現できる社会を想定している。5年間で、政府の研究開発投資について総額約30兆円、官民の研究開発投資の総額について、約120兆円を目指すとしている。安全保障との関係については、「政府は総合的な安全保障の実現を目指すことが求められる」としており、安全・安心確保のための「知る」「育てる」「生かす」「守る[26]」取組として、科学技術の多義性を踏まえつつ、総合的な安全保障の基盤となる科学技術力を強化するため、分野横断的な取組を実施するとしている。「生かす」は主に社会実装も見据えた取組として「知る」「育てる」「守る」の視点に追加されている。「知る」観点からは、将来の社会像からバックキャストして政策の体系化を図り、現状をしっかりと把握・分析し、未来に向けた新たな政策を

(24) これ以前の改革として2016年に特定国立研究開発法人による研究開発等の促進に関する特別措置法上の特定国立研究開発法人による研究開発等を促進するための基本方針（2016年6月28日閣議決定）https://www8.cao.go.jp/cstp/stsonota/tokutei/kihon.pdf（2023年1月9日確認）が定められ、国家戦略に基づき国際競争の中で科学技術イノベーションの基礎となる世界トップレベルの成果を生み出すことが期待される特定国立研究開発法人として、物質・材料研究機構、理化学研究所、産業技術総合研究所が指定されており、柔軟な業務運営や卓越した研究者等が最大限能力を発揮できるための措置が整備されている。

(25) 若手研究力強化のための労働契約法上の雇用機会拡大なども含む。

(26)「守る」施策として研究インテグリティの確保について政府で対処方針がまとめられている。https://www8.cao.go.jp/cstp/kokusaiteki/integrity/gaiyo_202209.pdf（2023年1月9日確認）。

フォーキャスト的なアプローチで立案し、これらを総合してフォーサイト（変化が激しく、複雑で、不確実な未来に対して様々な情報を組み合わせて考察する活動）やエビデンスシステム（e-CSTI）の活用が言及されている。官民連携の分野別の取組としては、AI、量子、バイオなどの戦略に言及し、戦略的イノベーション創造プログラム（SIP）（分野横断的に予算配分・12課題。2023年度から次期）やムーンショット型研究開発制度（2050年などを見据え、世界の知見を集め破壊的イノベーション創出。9つの目標を置き2020年から実施）など関係事業と連携しつつ[27]、社会実装や研究開発を着実に実施するとしている。司令塔機能の点では、内閣府総合科学技術・イノベーション会議（CSTI）、高度情報通信ネットワーク社会推進戦略本部[28]、知的財産戦略本部、健康・医療戦略推進本部、宇宙開発戦略本部、総合海洋政策本部等の司令塔会議が進める政策を横断的に調整する「科学技術・イノベーション推進事務局」が2021年4月に内閣府に設置されている。

なお、この中で宇宙分野の経緯としては、まず、2008年議員立法により宇宙基本法が制定され、日本の安全保障に資する宇宙開発利用の推進のために必要な施策を講じることが位置付けられた。宇宙政策はそれ以前の科学技術・研究開発主導から「科学技術」「産業振興」「安全保障」の三本柱の国家戦略となった。同法に基づく宇宙基本計画（閣議決定）は20年先を見据えた10年間の方針を定めるものとして定期的に改訂されている。2020年6月30日に閣議決定された宇宙基本計画では宇宙安全保障の確保が前面に出されており詳細な施策が列挙された。2022年12月23日に改訂された同基本計画の最新の工程表のポイントとしては、「宇宙活動を支える総合的な基盤」を示した上で、①宇宙安全保障の確保、②災害対策・国土強靱化や地球規模問題解決への貢献、③宇宙科学・探査による新たな知の創造、④宇宙を推進力とする経済成長とイノベーションの実現、

(27) この他2018年に創設（100億円）された「官民研究開発投資拡大プログラム」（PRISM）により、AI、量子、バイオなどの民間研究開発投資誘発効果が高い分野、企業から大学等への投資やスタートアップへの投資拡大（SBIR制度も関連）が期待される分野について各省が取り組んでいる。

(28) 2021年9月デジタル庁が発足している。

が挙げられている。更に2022年12月23日の新たな国家安全保障戦略の閣議決定を受けて、2023年夏を目途に宇宙基本計画の改定が予定されている[(29)]。

海洋分野も従前より安全保障や科学技術イノベーションとの関連が深いが、経緯としては、2007年議員立法により海洋基本法が制定され、その後「海洋基本計画」が５年毎に策定されている。2018年の第３期海洋基本計画では「総合的な海洋の安全保障」として政府一体となって取組を推進することが明記されている。2023年からの次期海洋基本計画策定（2023年５月閣議決定が想定スケジュール）に向けた「総合海洋政策本部参議会意見書」には、「総合的な海洋の安全保障」の中で「経済安全保障に資する取組」も記載されている。特に海洋科学技術については、民生利用・公的利用の両面で活用可能なAUV等の先端技術の育成・活用と社会実装に向けた戦略の策定・実行等が記載されている[(30)]。

以上俯瞰してきた中で、統合的な科学技術・イノベーションの改革は、大学や研究開発法人の改革、スタートアップ促進など社会課題解決をゴールに政策が進展したが、世界的なオープンイノベーションあるいは経済安全保障下での同志国連合で欠かせない「守る」施策のガバナンス、輸出管理、投資管理、研究インテグリティ、国際共同研究のためのセキュリティ・クリアランス制度の課題が必ずしも十分深掘りされてこなかった面がある。

５　防衛技術・装備政策との関係

一方で防衛技術・装備政策との関係はどうか。もとより防衛ニーズに沿った研究開発費が毎年の防衛費の中で確保されている中で[(31)]、民生技

(29) 内閣府宇宙開発戦略本部会合（2023年12月23日）https://www8.cao.go.jp/space/hq/dai27/siryou1.pdf。https://www8.cao.go.jp/space/hq/dai27/gijiyousi.pdf（2023年１月９日確認）。

(30) 総合海洋政策本部会合（2023年12月23日）https://www.kantei.go.jp/jp/singi/kaiyou/dai19/19gijisidai.html。（2023年１月９日確認）

(31) 令和５年度政府予算案（2022年12月16日）では、研究開発は契約ベースで8968億円（対前年度＋6056億円）が確保されている。

術に関連して2015年に「安全保障技術研究推進制度」が創設され、防衛分野での将来における研究開発に資することを期待し、大学等における先進的な民生技術についての基礎研究を公募により進めてきた。2017年度以降は100億円程度の予算で推移している。これに対して日本学術会議は，2017年3月に「軍事的安全保障研究に関する声明」の中で「軍事目的のための科学研究を行わない声明」等の過去の声明を継承し「軍事的安全保障研究と見なされる可能性のある研究について、その適切性を目的、方法、応用の妥当性の観点から技術的・倫理的に審査する制度を設けるべき」ことを大学等に要請し、デュアルユース技術を巡り科学技術イノベーションと防衛技術の議論が高まった(32)。その後、2022年7月、日本学術会議の梶田隆章会長は、小林鷹之内閣府科学技術政策担当大臣との面会で先端科学技術と「研究インテグリティ」の関係について回答(33)する中で「先端科学技術、新興科学技術には、用途の多様性ないし両義性の問題が常に内在しており、従来のようにデュアルユースとそうでないものとに単純に二分することはもはや困難で、研究対象となる科学技術をその潜在的な 転用可能性をもって峻別し、その扱いを一律に判断することは現実的ではない」とした上で「先端科学技術・新興科学技術については、より広範な観点から、研究者及び大学等研究機関が、研究の進展に応じて、適切に管理することが重要」とし、「科学者コミュニティの自律的対応を基本に、研究成果の公開性や研究環境の開放性と安全保障上の要請とのバランス等を慎重に考慮し、必要かつ適切な研究環境を確保していくことが重

(32) 小林信一・細野光章「大学におけるデュアルユース技術開発とガバナンス──日米比較から」The Journal of Science Policy and Research Management Vol. 35, No. 4,（2020年）450-471頁。

(33) 日本学術会議の「研究インテグリティ」に関する資料（2022年7月27日）https://www.scj.go.jp/ja/member/iinkai/kanji/pdf25/siryo328-integrity-kaitou25-1.pdf（2023年1月9日確認）。なお、日本学術会議は「研究インテグリティ」という考え方は、「研究活動のオープン化、国際化が進展する中で、科学者コミュニティが、資金や環境、信頼等の社会的負託を受けて行う研究活動において、自主的・自律的に担保すべき健全性と公正性および、そのための、透明性や説明責任に関するマネジメント」と定義している。透明性や説明責任含め今後の議論が期待される。研究インテグリティに関する論点整理資料（2022年8月10日）も参照。https://www.scj.go.jp/ja/member/iinkai/sokai/siryo185-4.pdf（2023年1月9日確認）。

要」としている。

6　成長戦略実行計画・骨太方針・統合イノベーション戦略 2021 及びその後 2022 年の動き

2021 年の経済安全保障に関する政府全体の動きに戻りたい。2020 年の統合イノベーション戦略の「知る」・「育てる」・「守る」の施策は、経済と安全保障が不可分な領域として先端技術・重要技術についての経済安全保障政策の体系へと繋がって行く。

政府は、成長戦略実行計画や、経済財政運営と改革の基本方針（骨太方針）2021、統合イノベーション戦略 2021（2021 年６月 18 日閣議決定）において、「経済安全保障」を柱の一つに位置付け、政府が取り組むべき諸課題を明確化した（〈表 6〉）。更には新しい資本主義実現会議（本部長：岸田総理）の「緊急提言」（2021 年 11 月８日会議決定）でも方針を踏襲した個別施策のほか、経済安全保障を推進する法案策定が盛り込まれた。同法案が 2022 年５月に国会で成立した後、骨太方針 2022[34] や新資本主義実行計画[35] の中では、経済安保推進法の着実な執行と今後の課題が提示されている（〈表 7〉）。統合イノベーション戦略 2022 でも同様に内容が提示されている。こうして政府全体の経済安全保障政策が体系化されていき（〈表 8〉、〈表 9〉、〈表 10〉）、さらに進化中である。特に経済安全保障政策体系に関連して、経済安全保障推進法第２条に基づく基本指針（令和４年９月 30 日閣議決定）が整理を行っており、「経済施策を一体的に講ずることによる安全保障の確保の推進」のため、①国民生活及び経済活動の基盤を強靭化することなどにより、他国・地域に過度に依存しない、我が国の経済構造の「自律性を確保」すること、②先端的な重要技術の研究開発の促進とその成果の活用を図ることなどで、他国・地域に対する「優位性、ひいては国際社会にとっての不可欠性を獲得・維持・強化」すること、③国際秩

(34)「経済財政運営と改革の基本方針 2022」（2022 年６月７日閣議決定）https://www5.cao.go.jp/keizai-sshimon/kaigi/cabinet/2022/2022_basicpolicies_ja.pdf（2023 年１月９日確認）。
(35)「新しい資本主義のグランドデザイン及び実行計画」（2022 年６月７日閣議決定）https://www.cas.go.jp/jp/seisaku/atarashii_sihonsyugi/pdf/ap2022.pdf（2023 年１月９日確認）。

序やルール形成に主体的に参加し、普遍的価値や「ルールに基づく国際秩序を維持・強化」すること、の３つの観点から必要な取組を推進することとされている。特に自律性、優位性・不可欠性、ルール・ベースといった３つの側面を象徴する用語が重要な鍵となっている。

〈表６　政府方針における経済安全保障施策の位置づけ（2021年度）〉

成長戦略実行計画　第６章「経済安全保障の確保と集中投資」

【成長戦略実行計画や、経済財政運営と改革の基本方針（骨太方針）2021、統合イノベーション戦略2021（2021年６月18日閣議決定）において、「経済安全保障」を柱の一つに位置付け、政府が取り組むべき諸課題を明確化。新しい資本主義実現会議（本部長：岸田総理）の「緊急提言」（2021年11月８日会議決定）でも方針を踏襲した個別施策のほか、経済安全保障を推進する法案策定が盛り込まれた。以下は成長戦略実行計画からの抜粋部分。】

○技術優位性の確保
- ・重要技術特定のためのシンクタンク機能の立上げ・推進
- ・技術育成（宇宙・量子・AI・HPC・半導体・原子力・先端素材・バイオ・海洋等）
- ・技術保全（国際輸出管理レジームを補完する新たな安全保障貿易管理枠組み、対内直接投資管理の執行強化 、留学生・研究者等の受け入れ審査強化、「みなし輸出管理」の対象明確化、インテリジェンス能力の強化、研究インテグリティ確保、非公開特許制度の検討、重要な技術情報を保全しつつ共有・活用を図る仕組みの構築）

○基幹インフラ（通信、エネルギー、金融、交通、医療等）や重要技術／物資サプライチェーン（半導体、医薬品、電池、レアアースを含む重要鉱物等）に係る脅威の低減・自律性の向上

○経済安全保障の強化推進に向けた中長期的な資金拠出等を確保する枠組みの検討

○先端半導体や電池の技術開発・製造立地推進、次世代データセンターの最適配置推進、レアアース等重要技術・物資サプライチェーン強靱化

＊上記の各項目については、「経済財政運営と改革の基本方針（骨太方針）2021」、「統合イノベーション戦略2021」、新しい資本主義実現会議「緊急提言」

にそれぞれ概ね同様の記載がある。

〈表7　政府方針における経済安全保障施策の位置づけ（2022年度）〉

経済財政運営と改革の基本方針2022（6/7　閣議決定）

第3章1（2）経済安全保障の強化

○経済安全保障推進法（令和4年5月成立・公布）の着実な施行
- 重要技術／物資（半導体、重要鉱物、電池、医薬品等）サプライチェーン支援措置（基金等）
- 基幹インフラの事前審査制度に関する事業者からの相談窓口設置等
- シンクタンクの立上げ・経済安全保障重要技術育成プログラムの強化（5000億円）
- 非公開特許制度の円滑な施行に向けた取組み

○次世代に不可欠な技術の担い手となる民間企業の資本強化を含めた支援の在り方
○重要情報を取り扱う者への資格付与の検討
○次世代半導体の設計・製造基盤確立
○サイバー・セキュリティの確保に向けた官民連携、人材育成
○機密性等に応じたクラウドの技術開発等支援
○経済インテリジェンスの強化
○同志国との連携（先端技術を保有する同志国との責任ある技術管理、制裁の効果的な実施等）
○重要土地等調査法の着実な執行

〈表8　経済財政運営の基本方針2022・新しい資本主義のグランドデザイン及び実行計画〉

経済財政運営と改革の基本方針2022

第1章 我が国を取り巻く環境変化と日本経済
1. 国際情勢の変化と社会課題の解決に向けて
2. 短期と中長期の経済財政運営
(1) コロナ禍からの回復とウクライナ情勢の下でのマクロ経済運営
(2) 中長期の経済財政運営

第2章 新しい資本主義に向けた改革
1. 新しい資本主義に向けた重点投資分野
(1) 人への投資と分配
(2) 科学技術・イノベーションへの投資
(3) スタートアップ（新規創業）への投資
(4) グリーントランスフォーメーション（GX）への投資
(5) デジタルトランスフォーメーション（DX）への投資
2. 社会課題の解決に向けた取組
(1) 民間による社会的価値の創造
(2) 包摂社会の実現
(3) 多極化・地域活性化の推進
(4) 経済安全保障の徹底
第3章 内外の環境変化への対応
1. 国際環境の変化への対応
(1) 外交・安全保障の強化
(2) 経済安全保障の強化
(3) エネルギー安全保障の強化
(4) 食料安全保障の強化と農林水産業の持続可能な成長の推進
(5) 対外経済連携の促進
2. 防災・減災、国土強靱化の推進、東日本大震災等からの復興
3. 国民生活の安全・安心
第4章 中長期の経済財政運営
1. 中長期の視点に立った持続可能な経済財政運営
2. 持続可能な社会保障制度の構築
3. 生産性を高め経済社会を支える社会資本整備
4. 国と地方の新たな役割分担
5. 経済社会の活力を支える教育・研究活動の推進
第5章 当面の経済財政運営と令和5年度予算編成に向けた考え方
1. 当面の経済財政運営について
2. 令和5年度予算編成に向けた考え方

新しい資本主義のグランドデザイン及び実行計画

はじめに
Ⅰ. 資本主義のバージョンアップに向けて

1. 市場の失敗の是正と普遍的価値の擁護
2.「市場も国家も」による課題解決と新たな市場・成長、国民の持続的な幸福実現
3. 経済安全保障の徹底

Ⅱ. 新しい資本主義を実現する上での考え方
1. 分配の目詰まりを解消し、更なる成長を実現
2. 技術革新に併せた官民連携で成長力を確保
3. 民間も公的役割を担う社会を実現

Ⅲ. 新しい資本主義に向けた計画的な重点投資
1. 人への投資と分配
(1) 賃金引上げの推進
(2) スキルアップを通じた労働移動の円滑化
(3) 貯蓄から投資のための「資産所得倍増プラン」の策定
(4) 子供・現役世代・高齢者まで幅広い世代の活躍を応援
(5) 多様性の尊重と選択の柔軟性
(6) 人的資本等の非財務情報の株式市場への開示強化と指針整備
2. 科学技術・イノベーションへの重点的投資
(1) 量子技術
(2) AI実装
(3) バイオものづくり
(4) 再生・細胞医療・遺伝子治療等
(5) 大学教育改革
(6) 2025年大阪・関西万博
3. スタートアップの起業加速及びオープンイノベーションの推進
(1) スタートアップ育成5か年計画の策定
(2) 付加価値創造とオープンイノベーション
4. GX（グリーン・トランスフォーメーション）及びDX（デジタル・トランスフォーメーション）への投資
(1) GXへの投資
(2) DXへの投資

Ⅳ. 社会的課題を解決する経済社会システムの構築
1. 民間で公的役割を担う新たな法人形態・既存の法人形態の改革の検討
2. 競争当局のアドボカシー（唱導）機能の強化
3. 寄付文化やベンチャー・フィランソロフィーの促進など社会的起業家への支援強化

4. インパクト投資の推進
5. 孤独・孤立など社会的課題を解決するNPO等への支援
6. コンセッション（PPP/PFIを含む）の強化

V. 経済社会の多極集中化
1. デジタル田園都市国家構想の推進
(1) デジタル田園都市国家の実現に向けた基盤整備
(2) デジタル田園都市国家を支える農林水産業、観光産業、教育の推進
(3) デジタル田園都市国家構想の前提となる安心の確保
2. 一極集中管理の仮想空間から多極化された仮想空間へ
(1) インターネットにおける新たな信頼の枠組みの構築
(2) ブロックチェーン技術を基盤とするNFT（非代替性トークン）の利用等のWeb3.0の推進に向けた環境整備
(3) メタバースも含めたコンテンツの利用拡大
(4) Fintechの推進
3. 企業の海外ビジネス投資の促進

Ⅵ. 個別分野の取組
1. 国際環境の変化への対応
(1) 経済安全保障の強化
(2) 対外経済連携の促進
2. 宇宙
3. 海洋
4. 金融市場の整備
(1) 四半期決算短信
(2) 国際金融センターの実現とアセットマネージャーの育成
(3) 銀行の業務範囲及び銀証ファイアウォール規制の見直し
(4) 金融機関の取組を通じた貯蓄から投資の促進
(5) 事業性融資への本格的かつ大胆な転換
5. グローバルヘルス（国際保健）
6. 文化芸術・スポーツの振興
7. 福島をはじめ東北における新たな産業の創出

Ⅶ. 新しい資本主義実現に向けた枠組み
1. 工程表の策定とフォローアップ
2. 官と民の連携
3. 経済財政運営の枠組み

〈表９　経済財政運営の基本方針 2022（経済安全保障関係）〉

経済財政運営と改革の基本方針 2022（経済安全保障関係）（2022 年６月７日閣議決定）

第２章　新しい資本主義に向けた改革

２．社会課題の解決に向けた取組

⑷　経済安全保障の徹底

新しい資本主義実現のための基礎的条件は国家の安全保障である。第３章で詳述するように、エネルギーや食料を含めた経済安全保障の徹底は、国際環境の変化に応じた新しい資本主義の根幹となる。新しい資本主義では、外交・防衛のみならず、持続可能で包摂性のある国民生活における安全・安心の確保を図る。また、権威主義国家の台頭に対しては、自由、民主主義、人権、法の支配といった普遍的価値を重視する国々が団結し、自由で開かれた経済秩序の維持・強化を進め、自由貿易を推進するとともに、不公正な経済活動に対する対応を強化する必要がある。

第３章　内外の環境変化への対応

１．国際環境の変化への対応

⑵　経済安全保障の強化

国家・国民の安全を経済面から確保する観点から、経済活動の自由との両立を図りつつ、安全保障の確保に関する経済施策を総合的・効果的に推進する。新たな国家安全保障戦略等の策定に当たり、経済安全保障を重要な課題と位置付ける。基幹産業が直面するリスクを総点検・評価し、脆弱性を解消するための取組を定式化し、継続・深化していく。

経済安全保障推進法※１を着実に施行すべく、速やかに基本方針を策定し、サプライチェーン及び官民技術協力に関する施策については、先行して可能な限り早期に実施する。

半導体、レアアースを含む重要鉱物、電池、医薬品等を始めとする重要な物資について、供給途絶リスクを将来も見据えて分析し、物資の特性に応じて、基金等の枠組みも含め、金融支援や助成などの必要な支援措置を整備することで、政府として安定供給を早急に確保する。基幹インフラの事前審査制度について、各省における事業者からの相談窓口の設置を含め円滑な施行に向けた取組を進める。シンクタンクを立ち上げるとともに、先端的な重要技術の育成を進めるプロジェクトを早急に強化し、速やかに

5,000億円規模とすることを目指して、実用化に向けた強力な支援を行う。特許出願の非公開制度について、必要なシステム整備を含め円滑な施行に向けた取組を進める。外為法※2上の投資審査について、地方支分部局も含めた情報収集・分析・モニタリング等の強化を図るとともに、指定業種の在り方について検討を行う。ロシアによるウクライナ侵略も踏まえ、新たな安全保障貿易管理の枠組みの検討も含めた先端技術を保有する民主主義国家による責任ある技術管理や、各種制裁の効果的な実施、経済的威圧への対応を含め、同盟国・同志国との連携を強化する。重要土地等調査法に基づき、土地等利用状況調査等を着実に進める。国際共同研究等における具体的事例の検証等を踏まえつつ、重要情報を取り扱う者への資格付与について制度整備を含めた所要の措置を講ずるべく検討を進める。先端技術・機微技術を保有するなど、次世代に不可欠な技術の開発・実装の担い手となる民間企業への資本強化を含めた支援の在り方について検討を行う。日米首脳での合意に基づき、先端半導体基盤の拡充・人材育成に加え、2020年代後半に次世代半導体の設計・製造基盤を確立する。国際情勢の変化等を踏まえたサイバーセキュリティの確保に向けた官民連携や分析能力の強化について、技術開発の推進や制度整備を含めた所要の措置を講ずるべく検討を進める。政府が扱う情報の機密性等に応じたクラウドの利用方針を年内に定め、必要なクラウドの技術開発等を支援し、クラウド等に係る政府調達に反映する。国家安全保障局を司令塔とした、関係府省庁を含めた経済安全保障の推進体制の強化を図るとともに、内閣府に経済安全保障推進室（仮称）を速やかに設置し、情勢の変化に柔軟かつ機動的に対応する観点から関係省庁の事務の調整を行う枠組みを整備する。インテリジェンス能力を強化するため、情報の収集・分析等に必要な体制を整備する。

＊1　経済施策を一体的に講ずることによる安全保障の確保の推進に関する法律（令和4年法律第43号）。
＊2　外国為替及び外国貿易法（昭和24年法律第228号）。

〈表10　経済安全保障政策の体系（経済安全保障推進法を含む全体像のまとめ）〉

1. これまでに着手した取組で、今後も継続・強化していく分野

(1) 自律性の向上

○リスク対応・脆弱性点検：基幹産業の複雑化したリスクへの対応と脆弱性を点検・把握

○土地法整備：重要施設周辺等の土地等所有について、実態把握を強化

(2) 不可欠性・優位性の確保

○経済安全保障重要技術育成プログラム：先端的な重要技術の実用化に向けた重点支援

○シンクタンク機能：先端的な重要技術の育成・支援等に資する調査・分析を実施

○技術情報管理：外為法上の「みなし輸出」の対象を明確化（外国の影響を受けた居住者にも拡大）

○投資審査：外為法上の投資審査・事後モニタリングについて執行体制を強化。重要鉱物資源関連等をコア業種に追加

○外国資金受入状況開示：競争的研究費申請時に資金受入等について開示を求めるなど、研究インテグリティに資する政府方針を決定

○留学生等の受入審査：機微技術流出防止のため国内体制整備等の推進

(3) 国際秩序の維持・強化

○国際社会との連携：経済安全保障課題の共通認識を醸成

○国際機関：邦人幹部職員数増による更なる貢献

○ルール・メイキング：通商・データ・技術標準等でルールの維持・強化・構築

(1)(2)(3)を進める上で共通課題

○経済インテリジェンス：情報収集・分析・集約・共有等の充実・強化

○体制整備：関係府省庁の体制強化

2. 経済安全保障推進法（今後取組を強化する上で、法制上の手当てを講ずることによりまず取り組むべき分野）

○サプライチェーン：国民生活や経済活動に重大な影響が及ぶ状況を回避すべく、重要物資や原材料のサプライチェーンを強靭化

○基幹インフラ：基幹インフラ役務の安定的な提供を確保

○官民技術協力：官民が連携し、技術情報を共有・活用することにより、

先端的な重要技術を育成・支援する枠組み
○非公開特許：出願人の権利を確保しつつ、安全保障上機微な発明の特許出願の公表・流出防止

3. 今後の情勢の変化を見据え、さらなる課題について不断に検討
○今後不断に検討
（出典）第1回経済安全保障推進会議（令和3年11月）内閣官房資料）に基づき作成。

7　骨太方針・成長戦略のこれまでの流れ

ここで政府全体の政策を示す骨太方針や成長戦略のこれまでの歴史的流れについて触れておきたい。前述のとおり科学技術政策について、政府全体の方針である科学技術基本計画や統合イノベーション戦略に関しこれまでの流れを説明してきたが、更に経済政策全体の基本方針を示す毎年夏の閣議決定文書として骨太方針は重要であり、また、時宜に応じて戦略提言を行い同時に閣議決定している成長戦略の役割も大きい。

経済財政諮問会議は、内閣総理大臣を議長とし経済全般の運営の基本方針、財政運営の基本、予算編成の基本方針その他の経済財政政策に関する重要事項について調査審議する等のため2001年1月に中央省庁再編の際に設置された。以後(36)、夏に策定される「骨太方針」は政府全体のリソース配分を決定する重要な役割を担ってきた。

また、経済財政諮問会議は、2012年12月の第2次安倍内閣以降は、新設された日本経済再生本部・産業競争力会議とともにアベノミクスの展開で協働した。日本経済再生本部においては、2013年6月に「日本再興戦略」を閣議決定し、以後2016年まで毎年改訂され、コーポレート・ガバナンス、法人税減税による産業競争力強化、インフラ輸出、高度外国人材受入れといった成長戦略が展開された。更に2017年からは未来投資戦略2017・2018が策定され、2019年には日本経済再生本部下での未来投資会議での議論を経て「成長戦略実行計画2019」が策定されている。この成

(36) 2009年9月～2012年12月に国家戦略室の設置により実質的に活動がなかった時代を除く。

長戦略2019では、AI、IOT、ロボット、ビックデータなど第4次産業革命のデジタル技術とデータを活用した課題解決型で生産性向上や経済成長を図りSociety 5.0を実現すべきとされた。デジタル市場のルール整備、フィンテックやモビリティ・自動走行の推進、ヘルスケアデータの活用による全世代型社会保障への貢献、スタートアップ育成など、先端・重要技術に関する政策が盛り込まれた(37)。「成長戦略実行計画2019」と同時に閣議決定された「成長戦略フォローアップ」とともに、具体的な施策についてKPI（Key Performance Indicator：重要業績評価指標）が設定され、その達成状況についても検証される仕組みの中で推進された(38)。その後、日本経済再生本部・未来投資会議の検討は2020年10月に設置された「成長戦略会議」に引き継がれ、成長戦略実行計画2021を経て、2021年9月に発足した岸田内閣の下で2022年10月に新設された「新しい資本主義実現会議」に引き継がれた。「新しい資本主義のグランドデザイン及び実行計画―人・技術・スタートアップへの投資の実現」が「フォローアップ」文書も含め2022年6月7日に閣議決定されている。同計画では、人への投資、科学技術・イノベーションへの重点的投資、スタートアップの起業加速及びオープンイノベーションの推進、GX（グリーン・トランスフォーメーション）及びDX（デジタル・トランスフォーメーション）への投資が重点的に推進されている。このうちGXについては、2022年7月より内閣総理大臣を議長とするGX実行会議がスタートして、2030年度の温室効果ガス46%削減や2050年のカーボン・ニュートラル実現に向け、今後10年間に150兆円の官民投資の実現を含めた議論が進展している。2023年12月に「GX実現に向けた基本方針（案）～今後10年を見据えたロー

(37) 風木淳「経済産業政策の当面の課題――世界経済の不確実性が高まる中での成長戦略、Society5.0の実現、人生100年時代の方向性」日本租税研究協会『租税研究2019.6』、同「グローバル化の中での産業・通商政策」日本学術会議法学委員会『グローバル化と法』分科会講演（20 April 2019）、同“Growth Strategy for the Japanese Economy amid global challenges and uncertainties”（Post-Brexit World Economy, RIETI-CEPR Symposium, 22 March 2019）https://www.rieti.go.jp/jp/events/19032201/pdf/kazeki.pdf（2023年1月9日確認）。

(38)「成長戦略フォローアップ2020」・「令和元年度革新的事業活動実行計画重点施策に関する報告書」。https://www.cas.go.jp/jp/seisaku/seicho/pdf/report200717.pdf（2023年1月9日確認）。

ドマップ～」が示されている。なお、こうした議論の中には再生エネルギー、クリーンエネルギー含め先端・重要技術に関する投資促進が随所に示されている。

経済安全保障についても新しい資本主義のグランドデザイン及び実行計画に改めて位置付けられており、骨太方針2022、統合イノベーション戦略2022も同様である。いずれも、2021年11月から内閣総理大臣を議長としてスタートした「経済安全保障推進会議」での議論を踏まえ、経済政策全体の中の重要な課題として国全体として位置付けたものである。

第３章

経済安全保障推進法と先端・重要技術／国家安全保障戦略における位置付け

1　経済安全保障推進法の４本柱

ここまで経済安全保障と先端・重要技術について、政府全体の経済政策文書との関係を中心に議論してきたが、ここからは2022年５月11日に成立した経済安全保障推進法との関係を議論し、その後次章以降で2023年12月16日に閣議決定されたいわゆる「安保３文書」との関係について考えたい。

経済安全保障推進法の目的は、「国際情勢の複雑化、社会経済構造の変化等に伴い、安全保障を確保するためには、経済活動に関して行われる国家及び国民の安全を害する行為を未然に防止する重要性が増大していることに鑑み、経済施策を一体的に講ずることによる安全保障の確保の推進に関する基本的な方針を策定するとともに、安全保障の確保に関する経済施策として、特定重要物資の安定的な供給の確保及び特定社会基盤役務の安定的な提供の確保に関する制度並びに特定重要技術の開発支援及び特許出願の非公開に関する制度を創設することにより、安全保障の確保に関する経済施策を総合的かつ効果的に推進すること」とされている（第一条）。第二条に基づき基本方針が示されている。さらに目的規定にもある４本柱の施策が以下の〈表11〉のとおりである。

〈表11　経済安全保障推進法の４つの柱〉

1. サプライチェーンの強靭化　「安定供給確保基本指針」（第２章第６条）

国民の生存、国民生活・経済に大きな影響のある物資の安定供給の確保を図るため、特定重要物資の指定、民間事業者の計画の認定・支援措置、特別

の対策としての政府による取組等を措置。(2022年9月30日に基本指針を閣議決定)

→特定重要物質の指定、事業者の計画認定・支援措置、政府による備蓄等の措置

2. 基幹インフラの安全性・信頼性の確保「特定社会基盤役務基本指針」(第3章第49条)

外部から行われる役務の安定的な提供を妨害する行為の手段として使用されることを防止するため、重要設備の導入・維持管理等の委託の事前審査、勧告・命令等を措置。

→対象事業等を法律・政省令等で規定、事前届出・審査、勧告・命令

3. 先端的な重要技術の開発支援「特定重要技術研究開発基本指針」(第4章第60条)

先端的な重要技術の研究開発の促進とその成果の適切な活用のため、資金支援、官民伴走支援のための協議会設置、調査研究業務の委託（シンクタンク）等を措置。(2022年9月30日に基本指針を閣議決定)

→国による支援、官民パートナーシップ（協議会)、調査研究業務の委託（シンクタンク）

4. 特許出願の非公開「特許出願非公開基本方針（第5章第65条)

安全保障上機微な発明の特許出願について、公開や流出を防止するとともに、安全保障を損なわずに特許法上の権利を得られるようにするため、保全指定をして公開を留保する仕組み、外国出願制限等を措置。

→技術分野等によるスクリーニング、保全審査、保全指定、外国出願制限、補償

4本柱のうちサプライチェーンの強靱化と先端的な重要技術に関する規定が先行的に施行されており、前者については、2022年12月23日に11分野が政令指定されている。①抗菌性物質製剤、②肥料、③永久磁石、④工作機械及び産業用ロボット、⑤航空機部品、⑥半導体、⑦蓄電池、⑧クラウドプログラム、⑨天然ガス、⑩重要鉱物、⑪船舶部品である。後者については、特に先端・重要技術に関連し以下詳述する。なお、残りの柱の

2分野については、2023年度前半に2分野の基本指針策定が見込まれ、11月に基幹インフラ分野の対象事業者選定、2024年2月に制度の運用開始。非公開特許は、2024年5月に制度運用開始が予定されている。基幹インフラの14分野は、①電気、②ガス、③石油、④水道、⑤鉄道、⑥貨物自動車運送、⑦外貨貨物、⑧航空、⑨空港、⑩電気通信、⑪放送、⑫郵便、⑬金融、⑭クレジットカード、である。この制度上「特定社会基盤事業者」は、特定重要施設の導入を行う場合や他の事業者に委託して特定重要施設の維持管理等（重要維持管理等）を行わせる場合、計画書を作成し所管大臣に届出て審査を受ける。変更・中止勧告、命令、措置命令、命令違反の罰則を規定している[(39)]。

2　特定重要技術研究開発の柱（基本指針等）

(1) 特定重要技術の定義

先端・重要技術の研究開発については、経済安全保障推進法の4つの柱のうちの1つの特定重要技術の開発支援として2022年8月1日に施行された。同法に基づき2022年9月30日に閣議決定された特定重要技術研究開発基本指針には、「特定重要技術」に関する定義が定められており、「先端的技術」は、「将来の国民生活及び経済活動の維持にとって重要なものとなり得る先端技術」とされ、このうち「特定重要技術」は「先端的技術のうち次の①から③のいずれか（複数もあり得る）において、国家及び国民の安全を損なう事態を生ずるおそれがあるもの」とされている。①当該技術を外部に不当に利用された場合、②当該技術の研究開発に用いられる情報が外部に不当に利用された場合、③当該技術を用いた物資又は役務を外部に依存することで外部から行われる行為によってこれらを安定的に利用できなくなった場合、である。

「特定重要技術」に該当する場合は協議会（官民パートナーシップ）の技術領域毎の組織が可能となり、特に優先して育成すべきものは、「経済安全保障重要技術育成プログラム」の研究開発ビジョンに示され指定基金を

(39) 各制度の詳細は経済安全保障推進法HP参照。https://www.cao.go.jp/keizai_anzen_hosho/index.html（2023年1月9日確認）

用いた研究開発が基本指針に基づく調査研究実施方針に沿って実施される（2021年度補正予算2500億円、2022年度補正予算2500億円）。

特定重要技術研究開発基本指針には、2021・2022年度内閣府委託事業「安全・安心に関するシンクタンク機能の構築」における広範囲調査の対象の20の技術領域が参考として引用されている。①バイオ技術、②医療・公衆衛生技術（ゲノム学含む）、③人工知能・機械学習技術、④先端コンピューティング技術、⑤マイクロプロセッサ・半導体技術、⑥データ科学・分析・蓄積・運用技術、⑦先端エンジニアリング・製造技術、⑧ロボット工学、⑨量子情報科学、⑩先端監視・測位・センサー技術、⑪脳コンピュータ・インターフェース技術、⑫先端エネルギー・蓄エネルギー技術、⑬高度情報通信・ネットワーク技術、⑭サイバーセキュリティ技術、⑮宇宙関連技術、⑯海洋関連技術、⑰輸送技術、⑱極超音速、⑲化学・生物・放射性物質及び核（CBRN）、⑳先端材料科学、の20領域である。

(2) 経済安全保障重要技術育成プログラム・研究開発ビジョン

経済安全保障重要技術育成プログラムは、経済安全保障推進会議及び統合イノベーション戦略推進会議の下、内閣官房、内閣府その他の関係府省が一体となって推進する。両会議は「研究開発ビジョン」を決定し、当該ビジョンに沿って関係省庁は一体となって研究開発を推進することとなっている。当該ビジョン策定に当たって、プログラム会議において、我が国の経済安全保障を確保・強化する観点から先端的な重要技術について検討され、各府省のシーズ及びニーズに加え、大学等における研究、SBIR（Small Business Innovation Research）制度を踏まえたスタートアップ技術開発動向、AI戦略や量子技術イノベーション戦略等の個別の各種戦略、海外動向や国際協力の可能性等を総合的に考慮し、技術の進展等に応じた機動的かつ柔軟な設定が行われる。ビジョンは社会環境の変化や技術の進展等に応じ、支援対象とする重要技術の追加・変更を含む改定も検討する。

主な特徴としは、優位性・不可欠性を確保するため市場メカニズムでは投資が不十分な先端技術を育成・支援することとし、民生利用のみならず公的利用に係るニーズを研究開発に反映することを指向している。中長期的な視点（10年程度）を持ちつつ概ね５年程度のスパンで社会実装を見据えた研究開発を行う。支援対象技術には、３つの要素があり、①急速に進展しつつあり、かつ様々な分野での利用が不連続に起こり得る新興技術、②刻々と変化する国内外の脅威や安全・安心に対するニーズや課題などに対処しうる技術、③公的利用・民生利用において社会実装につなげるシステム技術、である。中長期にはシンクタンクの知見等の活用、技術の獲得をグローバルに培っていく視点がある。研究開発ビジョンの構成及び支援対象とする技術は、先端的な重要技術として、AI技術、量子技術、ロボット工学、先端センサー技術、先端エネルギー技術がある。また、場としての領域として、海洋領域、宇宙・航空領域、領域横断・サイバー空間領域、バイオ領域が定められている。プログラムの推進にあたって配慮すべき事項としては、協議会の活用、多様な人材の参画、情報の適正な管理等の確保、先端技術の研究者による研究開発への参画、システム化、ビッグデータ処理、他領域との連携による付加価値向上、中長期的な国内人材育成、調達、規制緩和や国際標準化の支援検討、社会実装の担い手、将来の運用枠組み、責任ある研究とイノベーションへの留意などが示されている。

2022年９月16日に決定・公表された第一次ビジョンの詳細は以下の〈表12〉のとおりであり、細分化すると27技術分野の項目が定められている。

〈表12　経済安全保障重要技術育成プログラム研究開発ビジョン（第一次）支援対象となる技術〉

1.　海洋領域

資源利用等の海洋権益の確保、海洋国家日本の平和と安定の維持、国民の生命・身体・財産の安全の確保に向けた総合的な海洋の安全保障の確保

（支援対象技術）

〇海洋観測・調査・モニタリング能力の拡大（より広範囲・機動的）

・自律型無人探査機（AUV）の無人・省人による運搬・投入・回収技術①

・AUV 機体性能向上技術（小型化・軽量化）②
・量子技術等の最先端技術を用いた海中（非 GPS 環境）における高精度航法技術③
○海洋観測・調査・モニタリング能力の拡大（常時継続的）
・先進センシング技術を用いた海面から海底に至る空間の観測技術④
・観測データから有用な情報を抽出・解析し統合処理する技術⑤
・量子技術等の最先端技術を用いた海中における革新的センシング技術⑥
○一般船舶の未活用情報の活用
・現行の自動船舶識別システム（AIS）を高度化した次世代データ共有システム技術⑦

2.　宇宙・航空領域

宇宙利用の優位を確保する自立した宇宙利用大国の実現、安全で利便性の高い航空輸送・航空機利用の発展

（支援対象技術）
○衛星通信・センシング能力の抜本強化
・低軌道衛星間光通信技術⑧
・自動・自律運用可能な衛星コンステレーション・ネットワークシステム技術⑨
・高性能小型衛星技術⑩
・小型かつ高感度の多波長赤外線センサー技術⑪
○民生・公的利用における無人航空機の利活用拡大
・長距離等の飛行を可能とする小型無人機技術⑫
・小型無人機を含む運航安全管理技術⑬
・小型無人機との信頼性の高い情報通信技術⑭
○優位性につながり得る無人航空機技術の開拓
・小型無人機の自律制御・分散制御技術⑮
・空域の安全性を高める小型無人機等の検知技術⑯
・小型無人機の飛行経路の風況観測技術⑰
○航空分野での先端的な優位技術の維持・確保
・デジタル技術を用いた航空機開発製造プロセス高度化技術⑱
・航空機エンジン向け先進材料技術（複合材製造技術）⑲
・超音速要素技術（低騒音機体設計技術）⑳

・極超音速要素技術（幅広い作動域を有するエンジン設計技術）㉑

3. 領域横断、サイバー空間、バイオ領域

領域をまたがるサイバー空間と現実空間の融合システムによる安全・安心を確保する基盤、感染症やテロ等、有事の際の危機管理基盤の構築

（支援対象技術）

・ハイパワーを要するモビリティ等に搭載可能な次世代蓄電池技術㉒
・宇宙線ミュオンを用いた革新的測位・構造物イメージング等応用技術㉓
・AIセキュリティに係る知識・技術体系㉔
・不正機能検証技術（ファームウェア・ソフトウェア／ハードウェア）㉕
・ハイブリッドクラウド利用基盤技術㉖
・生体分子シークエンサー等の先端研究分析機器・技術㉗

＊横断領域、サイバー空間、バイオ領域については、目まぐるしく変化・発展し続けている技術群も数多く含まれていること、国としてのニーズが網羅的に整理されているとは必ずしも言えない状況であること等から、ニーズや課題を同定しつつ、今後引き続き検討を進める。

留意点１. 全体としての横断的視点に関する記載（海洋、宇宙・航空領域、横断領域・サイバー空間・バイオ領域の３つの分類を行う一方で横断的視点が重要）

○量子、AI等の新興技術・最先端技術

支援対象とする技術の研究開発や育成支援に関しては、個々の技術開発を行うことに加え、要素技術の組み合わせによるシステム化、様々なセンシング等により得られたビッグデータ処理、設計製造へのデジタル技術の活用などの取組を含みうることに留意する。システム化にあたっては、技術全体を俯瞰的に捉え、多義性も考慮しながら開発の程度や範囲についても検討する必要がある。

―AI技術関連：⑤⑧⑮㉔
―量子技術（※）関連：③⑥
―ロボット工学（無人機）①⑫
―先端センサー技術④⑩⑯⑰㉓
―先端エネルギー技術㉒

＊「量子技術」についてのビジョンでの記載：革新的な量子センサーに関する研究開発は、主に文部科学省 Q-LEAP において萌芽的な研究開発を実施中。量子コンピューター（誤り耐性型、ネットワーク型など）の研究開発は、主にムーンショット目標 6（2050 年までに、経済・産業・安全保障を飛躍的に発展させる誤り耐性型用量子コンピューターを実現）にて研究開発を実施中。量子暗号通信に関する研究開発は、主に SIP（光・量子を活用した Society 5.0 実現化技術）や総務省（グローバル量子暗号通信網構築のための研究開発）にて研究開発を実施中。

留意点 2. 公的利用・社会実装に関連する記載

・プログラムは公的利用に一定の力点があることに鑑み、調達の在り方、規制緩和の検討や国際標準化の支援、国際プレゼンスの向上等に関する検討も研究開発の当初から視野に入れることが重要である。

・社会実装を見据えた研究開発を進めるにあたっては、持続性確保の観点から、潜在的な社会実装の担い手につなげていくことや将来の運用に関する枠組みの検討に関する視点、技術の競争優位を産業化において十分に活かしきれないということがないよう、国としても伴走支援も行いながら、常に国際的な技術動向に注意を払いつつ、世界に通用する技術の開発を機動的かつ柔軟に推進する視点も重要である。

(3) 基本指針におけるシンクタンクの位置付け

経済安全保障推進法及び特定重要技術研究開発指針には、特定重要技術調査研究機関（シンクタンク）が新たに規定され、その要件が定められている。具体的には、①専門的な調査研究を行う能力、②情報収集・整理・保管に関する能力、③内外の関係機関との連携に関する能力、④情報管理体制が必要とされている。基本指針によれば、シンクタンクの調査研究は、法第 64 条第 1 項に基づき内閣総理大臣が行うこととされており、本来的には国が担うべきものとされている。一方、将来の国民生活及び経済活動の維持にとって重要なものとなり得る先端的な技術に関する調査研究を効果的に行うためには、技術等の動向等が常に変化し続ける中で、中・長期的な視点から継続的に調査・分析を行うことが必要とされ、このため、政府内部のみに閉じた取組では自ずと限界があることから、委託を可能としている。

シンクタンクは、国内外の技術動向、社会経済動向、安全保障など多様な視点から、特定重要技術の研究開発の促進等に向けた調査研究を行う。また、協議会等にも積極的に協力する。先端技術の専門性を有する産業界・学術界の人材を確保するとともに、機関やその活動を目に見える形で拠点化した上で、産業界・学術界への必要な情報提供や、政府の政策の意思決定への貢献・寄与が期待される。このため、必要な機関との連携体制や情報共有ネットワークの構築、政府関係機関からの必要な支援が求められる。シンクタンクの育成は一朝一夕にできるものではなく、まずは経済安全保障重要技術育成プログラムの実施に資する調査分析を中心に機能を発揮することが想定される。その上で、日進月歩で進展・変化の早い先端技術分野において、最新の知見を取り込みつつ継続的に一定以上の水準の調査・分析を行うため、新たな調査・分析手法の確立や関係機関とのネットワークの拡大など、シンクタンク機能の発展が求められる。

3　今後の課題

(1) 全　般

経済安全保障と先端・重要技術の課題は、経済、外交、防衛、科学技術含め多面的で新しく、国内、国外の知見を結集して取り組む必要がある。世界情勢に沿ってスピード感を持って取り組むには、例えば、「知る」(Know) 機能を前提に、諸外国で行われている「管理保全・守る」(protection) と「開発促進・育てる」(promotion) の両側面に焦点を当てて、様々なケース・スタディを通じ、調査、分析、課題抽出、実施、検証の方法論を発展させる必要がある。具体的には、データ分析手法、外部脅威やニーズ明確化、シーズとのマッチング等が重要である。政府の「研究開発ビジョン」にも言及がある技術の公的利用と民生利用との関係、あるいは「マルチユース・多義性」の検討も一層重要となろう。

また、国内の政府・官民アカデミア全体での取組み (a whole of government approach、public private partnership)、海外機関・シンクタンク等との協働など、対外発信と交流を通じた連携 (an alignment, holistic approach) が重要と考えられる。

さらには中長期的な課題設定が不可欠である。短期的な年度毎の喫緊の対応のみならず、5年、10年、15年以上の期間を見据えた対応を行うマンデートの確保が求められる。人材については、政策実務のOJTのみならず、ケース・スタディやアカデミックワークを通じた人材育成、人材の行き来が重要と考えられる[40]。

(2) 経済安全保障と先端・重要技術の周辺の大局的な課題

本章では、経済安全保障と先端・重要技術を軸に課題を検討しているが経済安全保障を巡っては、より大局的に様々な課題がある。内外政府、関係機関、シンクタンク、アカデミア、産業界等での様々な議論により全体の動きを俯瞰しながら、課題と機会を捉え優先順位とリソース配分、重複や縦割排除に留意しながら各論を進める必要がある。

経済安全保障法制に関する有識者会議の政府資料（2022年7月25日）[41]による国会審議における論点等によれば以下の論点が「今後の課題」とされている。（※衆参附帯決議あり）

・国家安全保障戦略における経済安全保障の位置付け
・経済安全保障の推進に向けた体制整備
・我が国の基幹産業が直面するリスクの総点検・評価の継続的な実施
・セキュリティ・クリアランス
・サイバー・セキュリティに関するリスクへの対応
・（この他、サプライチェーン、インフラ、技術開発、非公開特許の4分野ごとの論点）

この他、政府が有識者会議で示した課題の他に、経済安全保障推進会議

(40) 2021・2022年度の内閣府委託事業の成果については以下を参照。資料2-1「シンクタンク機能事業について」（内閣府第一回安全安心に関するシンクタンク設立準備検討会、2022年11月29日）。https://www8.cao.go.jp/cstp//anzen_anshin/thinktank/1kai/1kai.html（2023年1月9日確認）。
(41) https://www.cas.go.jp/jp/seisaku/keizai_anzen_hosyohousei/r4_dai1/siryou3.pdf（2023年1月9日確認）。

で示された政策体系や骨太方針、前述の日米欧の対外経済政策課題を踏まえると、以下が論点と考えられる。

・同志国連携による先端技術を保有する国の責任ある技術管理、制裁の効果的実施
・人権問題への対応（サプライチェーン及び貿易政策）
・経済的威圧への対応、不公正・不透明な措置への対抗、ルール・メイキング、監視、執行
・サプライチェーン強靱化、重要インフラ協力　等

なお、欧州は経済的威圧対策、米国は対外直接投資規制（先端・重要技術分野を念頭）などの法案などの検討が進展している。

4　国家安全保障戦略における経済安全保障と先端・重要技術

(1) 概　観

2022年12月23日に閣議決定された国家安全保障戦略、国家防衛戦略、防衛力整備計画の「安保３文書」における経済安全保障と先端・重要技術に関連する部分について概要を説明する。

今回の「国家安全保障戦略」（以下「国家安全保障戦略2022」）は、日本安全保障に関する最上位の政策文書とされ、外交、防衛、経済安全保障、技術、サイバー、海洋、宇宙、情報、政府開発援助、エネルギー等の我が国の安全保障に関連する分野の諸政策に戦略的な指針を与えるものとされる。同時に閣議決定された「国家防衛戦略」は日本の防衛目標、防衛目標を達成するためのアプローチ及びその手段を包括的に示すものであり、「防衛力整備計画」は同戦略に沿って５年後、10年後を見据えた具体的な防衛力強化の実施計画を示している。

「国家防衛戦略」は、防衛力の抜本的強化のため７つの要素を示しており、先端・重要技術に関連が深い。①スタンド・オフ防衛能力、②統合防空ミサイル防衛能力（極超音速滑空兵器対応含む）、③無人アセット防衛能力（UAV整備・活用含む）、④領域横断作戦能力（目標探知・追尾能力のための衛星コンステレーション、衛星を活用した極超音速滑空兵器探知など宇宙

領域、サイバーセキュリティ領域、対通信妨害等への対処含む電磁波能力領域含む)、⑤指揮統制・情報関連機能（ハイブリッド戦対応、共通クラウドの整備、AIを活用した公開情報自動収集・分析含む)、⑥機動展開能力・国民保護、⑦持続性・強靱性、の7つである。

2013年に日本初の国家安全保障戦略（2013年12月17日閣議決定）(以下「国家安全保障戦略2013」) が策定され、日本は国際協調を旨とする積極的平和主義の下での平和安全法制の制定等により、安全保障上の事態に切れ目なく対応できる枠組みを整えたが、今回の9年ぶりの「国家安全保障戦略2022」に基づく戦略的な指針と施策は、その枠組みに基づき、日本の安全保障に関する基本的な原則を維持しつつ、戦後の日本の安全保障政策を「実践面から大きく転換」するものとされる。

（2）具体的内容

「国家安全保障戦略2022」では、主権と独立の維持、経済成長、普遍的価値（自由、民主主義、基本的人権の尊重、法の支配）や国際法の基づく国際秩序の維持といった日本の国益を示した上で、日本の安全保障に関する基本的原則を示した上で日本を取り巻く安全保障環境や課題に触れている。基本的原則については、国際協調を旨とする積極的平和主義、普遍的価値、専守防衛、非核三原則、拡大抑止の提供を含む日米同盟、同志国連携などの記載があり（詳細は「国家安全保障戦略2022」本文参照)、実践面の転換として反撃能力や防衛費GDP比2%達成などの点はあるが、以下では、特に先端・重要技術関連部分に焦点を当てる。

課題面について、具体的には、ロシアによるウクライナ侵略のような力による一方的な現状変更の試みや国際法違反、サイバー空間、海洋、宇宙空間、電磁波領域等におけるリスク、さらにはサプライチェーンの脆弱性、重要インフラへの脅威の増大、先端技術をめぐる主導権争い等、従来必ずしも安全保障の対象と認識されていなかった課題への対応が例示されている。先端技術研究とその成果の安全保障目的の活用等について、主要国が競争を激化させる中で、一部の国家が、他国の民間企業や大学等が開発した先端技術に関する情報を不法に窃取した上で、自国の軍事目的に活用している点も指摘している。さらには、本来、相互互恵的であるべき国際貿易、経済協力の分野において、一部の国家が、鉱物資源、食料、産業・医療用の物資等の輸出制限、他国の債務持続性を無視した形での借款の供与等を行うことで、他国に経済的な威圧を加え、自国の勢力拡大を図っている点にも触れている。

国別では、ロシア、中国、北朝鮮の安全保障動向について触れている。この中で中国については、「中国は、台湾について平和的統一の方針は堅持しつつも、武力行使の可能性を否定していない」とし、「中国が、首脳レベルを含む様々なレベルでの意思疎通を通じて、国際社会と建設的な関係を構築すること、また、我が国を含む国際社会との対話と協力を重ねること等により、我が国と共にインド太平洋地域を含む国際社会の平和と安定に貢献することが期待されている。」としつつ、「現在の中国の対外的な姿勢や軍事動向等は、我が国と国際社会の深刻な懸念事項であり、我が国の平和と安全及び国際社会の平和と安定を確保し、法の支配に基づく国際秩序を強化する上で、これまでにない最大の戦略的な挑戦であり、我が国の総合的な国力と同盟国・同志国等との連携により対応すべきものである」としている。

こうした安全保障上の課題を踏まえ、「国家安全保障戦略 2022」は、日本の「安全保障上の目標」として、主権と独立の維持、安全保障と経済成長の好循環、経済構造の自律性、技術等の他国に対する優位性、不可欠性の確保、同盟国・同志国との連携、国際関係におけるインド太平洋地域での新たな均衡の実現、気候変動、感染症等の地球規模課題への対応やルール形成等について触れ、戦略的アプローチを実施するとしてる。

その際、「国力の要素」として、第一に外交力、第二に防衛力、第三に経済力、第四に技術力、第五に情報力としており、「技術力」が新たに強調されている。「科学技術とイノベーションの創出は、我が国の経済的・社会的発展をもたらす源泉」とし、「官民の高い技術力を、従来の考え方にとらわれず、安全保障分野に積極的に活用していく」とされている。

「国家安全保障戦略 2022」の中の先端・重要技術に関連が深い内容に入る前に外交、防衛及び「情報力」部分について経済安全保障政策とも関連がある部分についてここで一部触れておきたい。

外交について、具体的記述の部分で「危機を未然に防ぎ、平和で安定した国際環境を能動的に創出し、自由で開かれた国際秩序を強化するための外交を中心とした取組の展開」として、日米同盟の強化、自由で開かれたインド太平洋（FOIP）の実現、日米豪印（クアッド）の取組、日中の「建設的かつ安定的な関係」「信頼醸成のための中国との安全保障面における意思疎通の強化」などに触れている。

防衛については、具体的記述の部分で反撃能力の保有、2027年度における防衛予算のGDP比2%到達、研究開発、公共インフラ整備、サイバー安全保障、国際協力における関係省庁枠組みの推進、官民の先端技術研究の成果の防衛装備品の研究開発等への積極的な活用、新たな防衛装備品の研究開発のための体制の強化、防衛装備移転三原則や運用指針の制度見直しなどに触れている。なお、「国家防衛戦略」は防衛装備移転の円滑な推進に関連し、基金を創設し、必要に応じた企業支援を行うこと等により、官民一体となって防衛装備移転を進めるとしている。また、防衛産業基盤の整備に関してサプライチェーンの維持・強化や国自身が製造施設等を保有する形態の検討も含んでいる。「国家防衛戦略」は、日中の意思疎通について以下のとおり記載している。「また、中国との間では、「建設的かつ安定的な関係」の構築に向けて、日中安保対話を含む多層的な対話や交流を推進していく。その際、中国がインド太平洋地域の平和と安定のために責任ある建設的な役割を果たし、国際的な行動規範を遵守するとともに、軍事力強化や国防政策に係る透明性を向上するよう引き続き促す一方で、我が国として有する懸念を率直に伝達していく。また、両国間における不測の事態を回避するため、ホットラインを含む「日中防衛当局間の海空連絡メカニズム」を運用していく。」

「情報力」に関連し「国家安全保障戦略2022」では、「知的基盤の強化」として「安全保障における情報や技術の重要性が増しており、それらを生み出す知的基盤の強化は、安全保障の確保に不可欠である。そのような観点から、安全保障分野における政府と企業・学術界との実践的な連携の強化、偽情報の拡散、サイバー攻撃等の安全保障上の問題への冷静かつ正確な対応を促す官民の情報共有の促進、我が国の安全保障政策に関する国内外での発信をより効果的なものとするための官民の連携の強化等の施策を進める。」としている。

(3) 先端・重要技術関連等

先端・重要技術に関連し、「国家安全保障戦略 2022」では、戦略的なアプローチの実施を支える「基盤」の一つとして「技術力の向上と研究開発成果の安全保障分野での積極的な活用のための官民の連携の強化」が挙げられており、「最先端の科学技術は加速度的に進展し、民生用の技術と安全保障用の技術の区別は実際には極めて困難となっている。このこと等を踏まえ、我が国の官民の高い技術力を幅広くかつ積極的に安全保障に活用するために、安全保障に活用可能な官民の技術力を向上させ、研究開発等に関する資金及び情報を政府横断的に活用するための体制を強化する。具体的には、総合的な防衛体制の強化に資する科学技術の研究開発の推進のため、防衛省の意見を踏まえた研究開発ニーズと関係省庁が有する技術シーズを合致させるとともに、当該事業を実施していくための政府横断的な仕組みを創設する。また、経済安全保障重要技術育成プログラムを含む政府全体の研究開発に関する資金及びその成果の安全保障分野への積極的な活用を進める。さらに、先端重要技術の情報収集・開発・育成に向けた更なる支援の強化と体制の整備を図る。そして、民間のイノベーションを推進し、その成果を安全保障分野において積極的に活用するため、関係者の理解と協力を得つつ、広くアカデミアを含む最先端の研究者の参画促進等に取り組む。また、防衛産業が他の民間のイノベーションの成果を十分に活かしていくための環境の整備に政府横断的に取り組む。」とされている。

なお、「国家安全保障戦略 2022」では、サイバー安全保障分野の対応能力向上として能動的サイバー防御の導入（詳細後述）、海洋安全保障のための海洋状況監視などの推進、衛星コンステレーション構築を含めた宇宙の安全保障の総合的な取組など、「基盤」について先端・重要技術に関連する様々な記載がある。

こうした先端技術をめぐる取組の関連では「国家防衛戦略」の中にも「スタートアップ企業や国内の研究機関・学術界等の民生先端技術を積極活用するための枠組みの構築」や「防衛装備庁の研究開発関連組織のスクラップ・アンド・ビルドにより、装備化に資するマルチユース先端技術を見出し、防衛イノベーションにつながる装備品を生み出すための新たな研究機関を創設するとともに、政策・運用・技術の面から総合的に先端技術の活用を検討・推進する体制を拡充する」といった言及がある。また、「国家防衛戦略」の「戦略環境の変化」の記載の中では、先端技術と安全保障について以下のとおり記載している。「科学技術の急速な進展が安全保障の在り方を根本的に変化させ、各国は将来の戦闘様相を一変させる、いわゆるゲーム・チェンジャーとなり得る先端技術の開発を行っている。その中でも中国は「軍民融合発展戦略」の名の下に、技術のイノベーションの活発化と軍事への応用を急速に推進しており、特に人工知能（AI）を活用した無人アセット等を前提とした軍事力の強化を加速させている。こうした動向によって従来の軍隊の構造や戦い方に根本的な変化が生じている。」

以上、これまで見てきたとおり、経済安全保障と先端・重要技術関連については、「国家安全保障戦略2022」の全体を通じて、関連文書を含め多くのポイントが盛り込まれているが、特に「国家安全保障戦略2022」の「自主的な経済的繁栄を実現するための経済安全保障政策の促進」とされる部分（〈表13〉）において包括的に示されている。

〈表13　国家安全保障戦略2022　Ⅵ.2.（5）自主的な経済的繁栄を実現するための経済安全保障政策の促進〉

我が国の平和と安全や経済的な繁栄等の国益を経済上の措置を講じ確保することが経済安全保障であり、経済的手段を通じた様々な脅威が存在していることを踏まえ、我が国の自律性の向上、技術等に関する我が国の優位性、不可欠性の確保等に向けた必要な経済施策に関する考え方を整理し、総合的、効果的かつ集中的に措置を講じていく。

具体的には、経済安全保障政策を進めるための体制を強化し、同盟国・同志国等との連携を図りつつ、民間と協調し、以下を含む措置に取り組む。なお、取り組んでいく措置は不断に検討・見直しを行い、特に、各産業等が抱えるリスクを継続的に点検し、安全保障上の観点から政府一体となって必要な取組を行う。

ア　経済施策を一体的に講ずることによる安全保障の確保の推進に関する法律（令和４年法律第 43 号。以下「推進法」という。）の着実な実施と不断の見直し、更なる取組を強化する。

イ　サプライチェーン強靭化について、特定国への過度な依存を低下させ、次世代半導体の開発・製造拠点整備、レアアース等の重要な物資の安定的な供給の確保等を進めるほか、重要な物資や技術を担う民間企業への資本強化の取組や政策金融の機能強化等を進める。

ウ　重要インフラ分野について、地方公共団体を含む政府調達の在り方や、推進法の事前審査制度の対象拡大の検討等を進める。

エ　データ・情報保護について、機微なデータのより適切な管理や情報通信技術サービスの安全性・信頼性確保に向けた更なる対策を講ずる。また、主要国の情報保全の在り方や産業界等のニーズも踏まえ、セキュリティ・クリアランスを含む我が国の情報保全の強化に向けた検討を進める。

オ　技術育成・保全等の観点から、先端重要技術の情報収集・開発・育成に向けた更なる支援強化・体制整備、投資審査や輸出管理の更なる強化、強制技術移転への対応強化、研究インテグリティの一層の推進、人材流出対策等について具体的な検討を進める。

カ　外国からの経済的な威圧に対する効果的な取組を進める。

ただし、以上のポイントの他に経済安全保障政策全体との関係では、他の科学技術に関する記載の部分、サイバー・セキュリティ、宇宙、海洋関連やルール・ベースの自由貿易に関する部分も含めて全体として参照する必要がある。例えば、「国家安全保障戦略 2022」の「自由、公正、公平なルールに基づく国際経済秩序の維持・強化」では、「特定の国家による非軍事的な圧力により、国家の自主的な外交政策の意思決定や健全な経済発展が阻害されることを防ぎ、開かれ安定した国際経済秩序を維持・強化していく。具体的には、世界貿易機関（WTO）を中核とした多角的貿易体制の維持・強化を図りつつ、不公正な貿易慣行や経済的な威圧に対抗するために、我が国の対応策を強化しつつ、同盟国・同志国等と連携し国際規範の強化のために取り組んでいく。また、インド太平洋地域の経済秩序の発展と持続可能で包摂的な経済成長を実現し、自由で公正な経済秩序を広げるために、環太平洋パートナーシップに関する包括的及び先進的な協定（CPTPP）の高いレベルの維持や、地域的な包括的経済連携（RCEP）協定の完全な履行の確保、その他の経済連携協定交渉、インド太平洋経済枠組み（IPEF）の具体化等に取り組む[(42)]。」とされている。

また、サイバー・セキュリティの強化は経済安全保障推進法の重要インフラ施設の規制関連やサイバーセキュリティ戦略本部の重要インフラ施設に係る取組[(43)]において重要な要素であるが、より安全保障に関係が深い措置として「能動的サイバー防御の導入」がある。武力攻撃に至らないものの、国、重要インフラ等に対する安全保障上の懸念を生じさせる重大なサイバー攻撃のおそれがある場合、これを未然に排除し、また、このようなサイバー攻撃が発生した場合の被害の拡大を防止するために能動的サイバー防御を導入するとされており、その実施のための体制を整備のため以下の必要な措置の実現に向け検討を進めるとされている。①重要インフラ分野を含め、民間事業者等がサイバー攻撃を受けた場合等の政府への情報共有や、政府から民間事業者等への対処調整、支援等の取組を強化するなどの取組を進める。②国内の通信事業者が役務提供する通信に係る情報を

(42) この他に開発金融と「債務の罠」に関して以下の記載がある。「さらに、相互互恵的な経済協力の実施と国際的な枠組み・ルールの維持・強化を図る。具体的には、一部の国家等による不透明な形での途上国支援に起因して、被援助国が「債務の罠」に陥る状況を回避するために、各国等が国際的なルール・基準を遵守し、透明で公正な開発金融を行うよう、国際的な取組を主導する。また、同盟国・同志国や開発金融機関等と協調した支援等を含め、途上国の自立性を高めるための能力強化支援や途上国の経済発展のための魅力ある選択肢の提示等を行う。」

なお、通商政策の論点としてビジネスと人権の関係があるが、「国家安全保障戦略 2022」では、地球的規模課題関連部分に「人権擁護は全ての国の基本的な責務であり、深刻な人権侵害には声を上げると同時に、様々な国と人権保護・促進に向けた対話と協力を重ねていく。」と記載がある。

(43) サイバーセキュリティ戦略本部は、2022 年 6 月 17 日「重要インフラのサイバーセキュリティに係る行動計画」を策定・公表した。情報通信、金融、航空、空港、鉄道、電力、ガス、政府・行政サービス、医療、水道、物流、化学、クレジット、石油の 14 分野が重要インフラ分野とされている。

活用し、攻撃者による悪用が疑われるサーバ等を検知するために、所要の取組を進める。③国、重要インフラ等に対する安全保障上の懸念を生じさせる重大なサイバー攻撃について、可能な限り未然に攻撃者のサーバ等への侵入・無害化ができるよう、政府に対し必要な権限が付与されるようにする。その上で、能動的サイバー防御を含むこれらの取組を実現・促進するために、内閣サイバーセキュリティセンター（NISC）を発展的に改組し、サイバー安全保障分野の政策を一元的に総合調整する新たな組織を設置するとし、これらの取組は総合的な防衛体制の強化に資するものとなるとしている。

（4）小　括

「国家安全保障戦略2022」は、概ね10年の期間を念頭に置き、安全保障環境等について重要な変化が見込まれる場合には必要な修正を行うとされている。「国家安全保障戦略2013」と比較して、米中技術覇権争い、コロナ感染症、ロシアのウクライナ軍事侵攻・侵略、台湾有事の懸念等も反映し、「技術力」や「経済安全保障」に関する考え方や施策が多面的に盛り込まれている。随所に見られるとおり、今後も一層の、①政府全体の取組と各界の関係者の大局的・俯瞰的視点が重要であること（a whole of government approach、a holistic approach（a big picture approach））、②同じゴールを目指す内外の関係機関・関係者との連携（国レベルでは同志国連合も含む）、官民の連携が重要であること（alignment with like-minded partners、public-private partnership）、③人材交流・育成と広く関係者との意思疎通が重要であること（talent ecosystem、communications）、は論を待たない。

第４章

経済安全保障と企業経営・対外経済政策（通商政策）

1　企業経営の視点／企業関連の規制措置(輸出管理、投資管理等)

(1) 総　論

米中技術覇権争い、コロナ感染症の拡大、ロシアのウクライナ軍事侵攻・侵略、環境・人権問題への対応など、サプライチェーンのリスクが高まる中、企業はコーポレート・ガバナンスを向上させる必要があり、具体的なルール化や考え方の浸透については道半ばと考えられるが(44)、グローバルに展開する企業にとって以下の３点が重要である。

第一に、自社のサプライチェーン上のリスクを総点検し、重要物資・技術を特定し適切に対処する必要がある。その際、輸出管理部門、法務部門、知財部門での対応のみならず、営業部門、調達部門、研究開発部門、経営企画・戦略部門含めた経営層をトップとした横断的・俯瞰的な対応が不可欠である。

第二に、各国の法令上のコンプライアンスは当然として、米中欧日の主

(44) 経済安全保障と企業経営の観点から、コンサルティング関係企業はもとより、最近は大手法律事務所により啓発活動が活発化している。いわゆる五大国際渉外法律事務所：西村あさひ、森・濱田松本、長島・大野・常松、アンダーソン・毛利・友常、TMI 総合等が経済安全保障・通商などのサービスを提供している。啓発活動の参考：『経済安全保障の最前線』（森・濱田松本法律事務所 2022 年７月 20 日）、「貿易管理政策と経済安全保障――最近の動向と課題」（長島・大野・常松法律事務所、2022 年６月３日）。「第１回防衛・経済安全保障シンポジウム「我が国の経済安全保障上の重要課題と先端テクノロジーで切り拓く未来」（TMI 総合法律事務所、2021 年 12 月３日）。なお、コーポレート・ガバナンスとの関係では、2021 年のコーポレートガバナンスコード改訂の際に附属文書に位置付けられる「投資家と企業の対話ガイドライン」（金融庁）に経済安全保障への対応が一般的に記載され、2022 年の「コーポレート・ガバナンス・システムに関する実務指針」（経済産業省）に官民の長期ビジョンの共有において重要な分野として「地政学的な変動を受けた包括的な経済安全保障の実現」が記載されている。

要国での規制の内容やタイミングが微妙に異なる場合には、情報収集・インテリジェンス機能を発揮し、過度に萎縮せず、果敢に経営判断を行い企業の成長につなげることが必要である。各国の規制と関わらない、いわゆるレピュテーション・リスク（環境・人権・安保で企業名が悪印象でレポートに公表・報道される）については、社内体制整備の他、市場・メディア・関係機関との対話を通じ粘り強く対応する必要がある。

第三に、こうした対応には、人材育成・確保が不可欠である。また、個社では対応が難しい場合、横断的なグループ、同志国の企業・グループの活動や、専門家やシンクタンクとの連携、各国政府との意思疎通が重要である。

こうした3つの点に関連して政府の対応も重要である。例えば、米中の一方的措置のエスカレート、域外適用はサプライチェーンの攪乱要因である。日本政府や欧州委員会貿易総局などは産業界と連携して日頃より一方的措置や域外適用について懸念を表明しており、同志国連合や多角的アプローチを志向している。米中対立を踏まえた官民対応については経済産業大臣が一貫した考え方を示しおり、ひとつの例が〈表14〉のとおりである。

〈表14　米中対立を踏まえた官民対応に関する経産大臣発言（2020/11/17閣議後記者会見）。その後累次の国会答弁あり。〉

米中の技術覇権争いが激化する中で、先月成立をいたしました中国の輸出管理法が（2020年）12月1日から施行されます。産業界からは、米中をはじめとする我が国の主要貿易相手国による輸出管理の強化について、懸念の声が上がっていると承知しております。経済産業省としては、引き続き中国輸出管理法の詳細などの把握に努めるとともに、積極的かつタイムリーに情報を発信してまいりたいと思っております。その上で、本日は、企業からの声を踏まえて、産業界に対して、経済産業省としての考えを3点お伝えしたいと思います。

第一に、企業各社においては、海外市場におけるビジネスが阻害されることのないよう万全の備えをしていただきたい。具体的には、輸出管理の状況を踏まえつつ、自社のサプライチェーン上のリスクについて精緻に把握するとともに、必要に応じて規制当局に許可申請を行っていただきたいということ。

第二に、他国企業と同等の競争条件を確保することも重要であります。各国の輸出管理上求められている内容を超えて、過度に萎縮していただく必要は全くありません。
第三に、仮にサプライチェーンの分断が不当に求められるようなことがあれば、経済産業省は前面に立って支援をしてまいります。
こうしたことを、今後の産業界との対話の中でお伝えするとともに、企業からの生の声をお聞きしてまいりたいと思っております。産業界からも積極的に情報を提供いただきたいと思います。これらの取組や関係国との対話等を通じて、日本企業の事業環境の維持・向上に努めてまいりたいと考えております。

以下は、経済安全保障推進法以外に企業に関連が深い経済安全保障関連の主な規制措置について各論として概観したい。

(2) 各論（企業に関連が深い措置）

(ア) 貿易管理

(みなし輸出管理)

貿易管理は外国為替及び外国貿易法に基づき、経済産業大臣が規制を行っている。本制度の詳細については筆者自身が深く関わった解説書(45)もあり、本書では、全範囲を網羅するのではなく、経済安全保障と先端・重要技術に関連が深い最近の動きのみを以下取り上げる。とりわけ「みなし輸出管理」は、諸外国含めいわゆる「deemed export」の論点として重要な課題となっており、日本では制度整備を行った。具体的には、「特定国の非居住者に提供することを目的とした取引」に係る概念を明確化し、居住者への機微技術提供であっても、当該居住者が、非居住者へ技術情報を提供する取引と事実上同一と考えられるほどに当該非居住者から強い影響を受けている状態（特定類型）に該当する場合には、「みなし輸出」管理の対象であることを明確化したものである。以下の〈表 15〉が概観である。

(45) 風木淳・大川信太郎編著『詳解外為法貿易管理編――外国法令も踏まえた理論と実務』（商事法務、2021 年）、外国為替貿易研究グループ編「逐条解説改正外為法平成 10 年 4 月 1 日施行」（通商産業調査会、1998 年）。

〈表15　みなし輸出管理の運用明確化〉

「みなし輸出」管理の運用明確化

令和３年１１月１８日公表、令和４年５月１日適用開始

- 「特定国の非居住者に提供することを目的とした取引」に係る概念を明確化し、**居住者への機微技術提供であっても、**下図のように、当該居住者が、**非居住者へ技術情報を提供する取引と事実上同一と考えられるほどに当該非居住者から強い影響を受けている状態（特定類型）に該当する場合には、「みなし輸出」管理の対象であることを明確化**する。

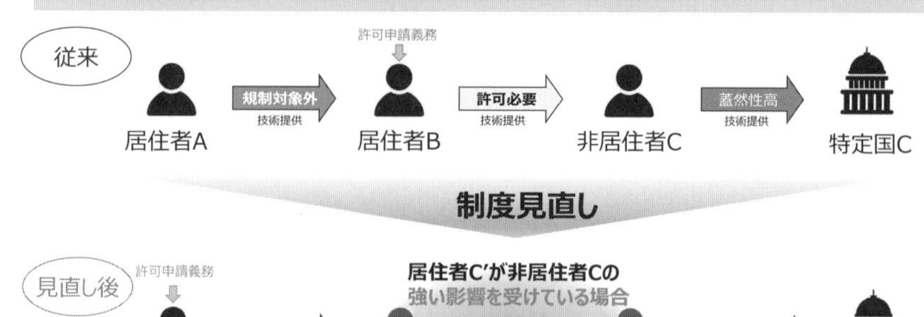

①外国政府や外国法人等との間で雇用契約等の契約を締結し、当該外国政府や外国法人等の指揮命令に服する又はそれらに善管注意義務を負う者　への提供
② 経済的利益に基づき、外国政府等の実質的な支配下にある者　への提供
③ 国内において外国政府等の指示の下で行動する者　への提供

＊経済産業省公表資料より筆者確認・作成

（輸出者等遵守基準）

「輸出者等遵守基準」は、外為法に基づき、不正輸出を未然に防止するため、業として輸出・技術提供を行う者（輸出者等）が遵守すべき基本的な事項を省令で規定（2010年4月1日施行）したものである。昨今の安全保障環境下において機微な貨物等の管理が一層求められていることや、機微な貨物の流出事案が発生する中、一層の体制整備を通じて、不正輸出等の未然防止を図ることが重要であり、2021年11月18日に省令を改正した（2022年5月1日施行）。以下の〈表16〉が概観である。

〈表 16　輸出者等遵守基準の概要〉

輸出者等遵守基準の概要

- 外為法に基づき、不正輸出を未然に防止するため、**業として輸出・技術提供を行う者（輸出者等）が遵守すべき基本的な事項を省令で規定**（平成２２年４月１日施行）。
- 昨今の安全保障環境下において**機微な貨物等の管理が一層求められていること**や、**機微な貨物の流出事案が発生**する中、一層の体制整備を通じて、不正輸出等の未然防止を図ることが重要であり、**令和３年１１月１８日に省令を改正（令和４年５月１日施行。）**

※ 経済産業大臣は、基準に従い指導や助言、違反があった際には勧告・命令を行うことができる（命令に違反した場合のみ罰則の対象）

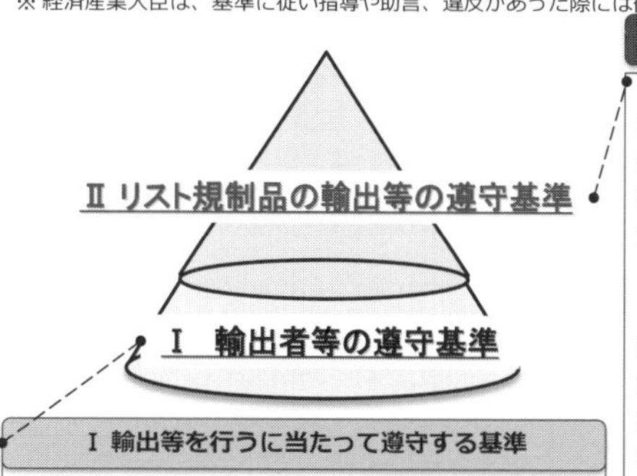

Ⅰ 輸出等を行うに当たって遵守する基準

① リスト規制品に該当するか否かを確認する責任者を定めること。

② 輸出等業務従事者への最新の法令の周知、その他関係法令の規定を遵守させるための必要な指導を行うこと。

Ⅱ リスト規制品の輸出等を行うに当たって遵守する基準

※ 赤字部分は令和３年１１月１８日改正部分

① 組織の代表者を輸出管理の責任者とすること。

② 組織内の輸出管理体制（業務分担・責任関係）を定めること。

③ 該非確認に係る手続を定めること。

④ 輸出等に当たり用途確認及び需要者等の確認を行う手続を定め、手続に従って確認を行うこと。需要者以外から用途及び需要者の確認に必要な情報を得ている場合は、信頼性を高めるための手続を定め、当該手続に従って用途及び需要者の確認を行うこと。

⑤ 出荷時に、該非確認した貨物等と一致しているか確認を行うこと。

⑥ 輸出管理の監査手続を定め、実施するよう努めること。

⑦ 輸出管理の責任者及び従事者に研修を行うよう努めること。

⑧ 子会社が輸出等の業務に関わる場合は、当該子会社に対して指導等を行う体制及び手続を定め、定期的に指導等を行うよう努めること。

⑨ 輸出等関連文書を適切な期間保存するよう努めること。

⑩ 法令違反したとき及び法令違反したおそれがあるときは、速やかに経済産業大臣に報告し、その再発防止のために必要な措置を講ずること。

＊経済産業省公表資料より筆者確認・作成

（機微技術管理に関する新たな枠組み）

「先端技術を保有する同志国との責任ある技術管理」は、機微技術管理に関する新たな枠組みの提案として 2021 年 6 月 10 日の産業構造審議会安全保障貿易管理小委員会中間報告で考え方が示され、その後、成長戦略 2021 や骨太方針に盛り込まれた。日本はこれまで国際輸出管理レジームに忠実に準拠し輸出管理を実施してきた。他方、現下の国際情勢の変化及び技術的進歩にレジームはその機能を十分に果たせていない可能性がある中で、国際レジームを補完し、ユニラテラルな規制の問題点を克服する機微技術管理の新たな枠組みが必要として〈表 17〉に示されたとおり進められている。この考え方は〈表 18〉のとおり米国の専門家・有識者からも支持されている方向性である。

〈表17　機微技術管理に関する新たな枠組みの必要性〉

- 我が国はこれまで国際輸出管理レジームに忠実に準拠し輸出管理を実施。他方、現下の国際情勢の変化及び技術的進歩にレジームはその機能を十分に果たせていない可能性。

→国際レジームを補完し、ユニラテラルな規制の問題点を克服する**機微技術管理の新たな枠組み**が必要

現行の国際輸出管理レジームの限界

- 全会一致方式で管理対象を決定する国際輸出管理レジームの性質上、**柔軟性や機動性に欠ける**。
- 特に、軍民融合が進みエマージング技術が台頭する中、**レジームのみでは解決できない課題が顕在化**。

各国による独自措置による弊害

- 経済のグローバル化が進む中、単一国による独自規制では技術の迂回流出を防ぐことはできず、**実効性が欠如**。
- 輸出管理の域外適用により、突如としてある品目が規制対象にされるなど、**第三国企業のビジネスの予見可能性を著しく毀損**。

- ビジネスの安定性確保に向け、既存の国際レジームを補完すべく、**技術保有国による機微技術管理に新たな枠組みが必要**。
- 先端技術に係る輸出管理は、**当該技術を保有するすべての国が参画しなければ実効性（各国企業のレベルプレイングフィールド）を十分に確保できない**。

⇒より実効性のある機微技術管理を実現すべく、**価値観を共有する同志国間の連携強化を図るべき。**

【参考】ケンドラー米商務次官補の発言（2022年4月オンライン公開イベント）
「輸出管理レジームの代替の議論をする段階ではないが、今後の展開と、世界の現状に合わせて輸出管理をどう調整するかについて考え始める段階にある。（中略）ワッセナーアレンジメントには、参加国を除外する機能が備わっていない。」

＊経済産業省公表資料より筆者確認・作成

〈表18　輸出管理政策の今後の展望〉

- 2021年6月15日、オバマ政権下で商務省・産業安全保障局（BIS）担当次官補を務めたKevin Wolf氏は、10年後の米国の輸出管理政策を展望するレポートを発表。
- 今後の展望として、半導体等の重要技術に係る少数国輸出管理枠組みや人権事由での輸出管理を同盟国間で協調する枠組みの創設、みなし輸出管理の強化等に言及。

【10年後の展望】◎項目に関連する内容は、2021年6月に発表された安全保障貿易管理小委員会の中間報告においても言及された。

軍民融合戦略を採用する中国・ロシア等による民生技術獲得の懸念を鑑み、米国の輸出管理の目的の一つである「国家安全保障」の定義は、ますます経済安全保障の観点を包含していく

◎ バイデン現政権下、半導体等の重要技術を保有する緊密な同盟国との間で、少数国輸出管理枠組みが発効

◎ 人権事由での米国独自の輸出管理強化、人権事由の輸出管理を協調して実施する同盟国間のレジーム創設

◎ 外国諜報機関を支援する米国人・米国法人等（*US person*）に対する規制強化 **※みなし輸出管理の強化**

◎ 企業内における輸出管理遵守体制強化への要求の高まり

- 輸出管理当局におけるエマテク・基盤技術に精通した人材確保の重要性が高まる
- 機微なパーソナルデータの国外移転規制として輸出管理制度を活用する

＊文献資料より筆者確認・作成

以上のとおり、本書では、「みなし輸出管理」、「輸出者等遵守基準」、「機微技術管理に関する新たな枠組み」について触れたが、これらを理解する上での参考として全体概要を示す資料を以下に示すこととした。「貿易管理のミッション」（〈表19〉）、「安全保障貿易管理とは」（〈表20〉）、「安全保障貿易管理の全体像」（〈表21〉）、「国際輸出管理レジューム概要」（〈表22〉）である。更なる詳細は経済産業省の安全保障貿易管理に関するHPを参照されたい。

〈表19　参考：貿易管理のミッション〉

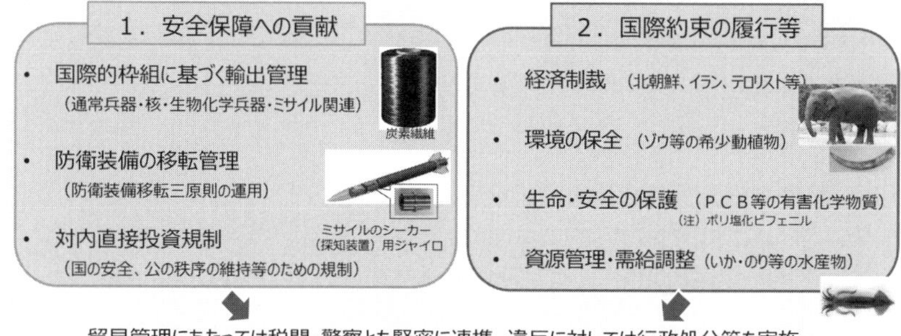

＊経済産業省公表資料より筆者確認・作成

〈表 20　安全保障貿易管理とは〉

- 先進国が保有する高度な貨物や技術が、大量破壊兵器等※1や通常兵器の開発等※2を行っているような国に渡った場合、国際的な脅威となり、情勢が不安定化。
- それらを未然に防ぐため、先進国を中心とした国際的な枠組（国際輸出管理レジーム）により輸出管理等を推進。
- 我が国は外国為替及び外国貿易法（外為法）に基づき、輸出管理等※3を実施。

目的	我が国を含む**「国際的な平和及び安全の維持」**　外為法第48条第１項、第25条第１項・第３項
手段	武器や軍事転用可能な貨物や技術が、我が国の安全等を脅かすおそれのある国家やテロリスト等、懸念活動を行うおそれのある者に渡ることを防ぐための輸出管理等

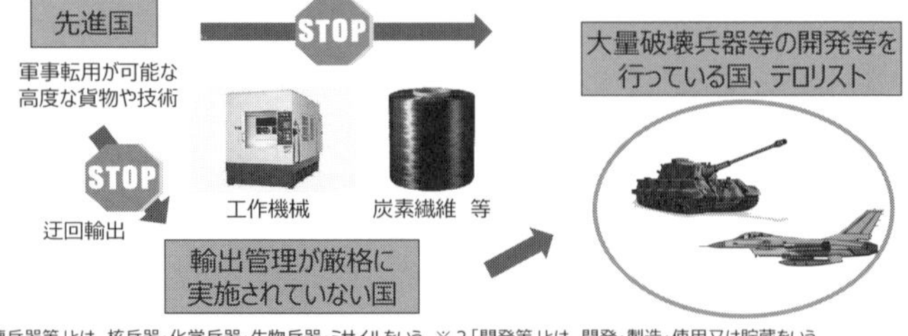

※１「大量破壊兵器等」とは、核兵器・化学兵器・生物兵器・ミサイルをいう　※２「開発等」とは、開発・製造・使用又は貯蔵をいう
※３「輸出管理等」とは、貨物の輸出及び技術の提供の管理をいう

＊経済産業省公表資料より筆者確認・作成

〈表 21　参考：安全保障貿易管理の全体像〉

- 国際輸出管理レジームを踏まえ、外為法に基づいて貿易管理を実施。具体的には、規制対象となる貨物の輸出や技術の提供について、経済産業大臣の許可制となっている。

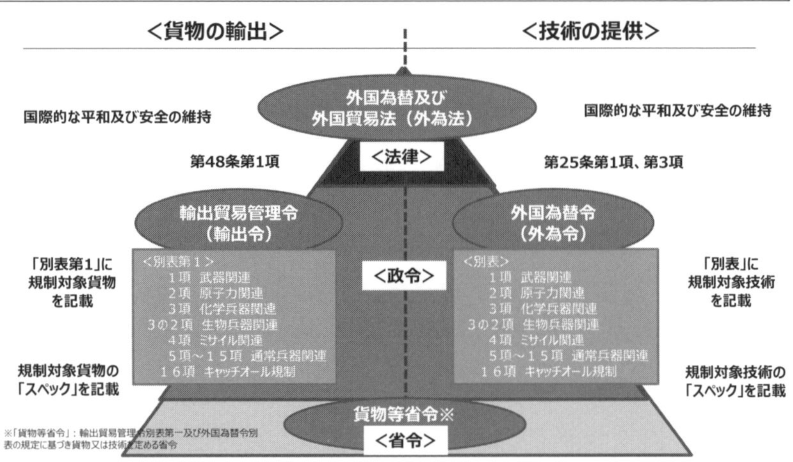

＊経済産業省公表資料より筆者確認・作成

〈表 22　参考：国際輸出管理レジューム概要〉

	NSG （原子力供給国グループ）	AG （オーストラリア・グループ）	MTCR （ミサイル技術管理レジーム）	WA （ワッセナー・アレンジメント）
1．規制対象品目	（1）原子力専用品・技術 ①核物質 ②原子炉・付属装置 ③重水・原子炉級黒鉛 ④ウラン濃縮・再処理等プラント （2）原子力関連汎用品・技術	（1）化学兵器 ①化学剤 ②化学兵器汎用製造設備 （2）生物兵器 ①生物剤 ②生物兵器汎用製造設備	（1）大型のミサイル・無人航空機 （2）小型のミサイル・無人航空機、関連資機材・技術	（1）武器 （2）汎用品 ①先端材料 ②材料加工 ③エレクトロニクス ④コンピュータ ⑤通信関連　等
2．発足年（日本の参加）	1978年（同年）	1985年（同年）	1987年（同年）	1996年（同年）
3．参加国数	４８か国	４２カ国＋EU	３５カ国	４２カ国
4．参加国	アルゼンチン、オーストラリア、オーストリア、ベルギー、ブルガリア、カナダ、チェコ、デンマーク、フィンランド、フランス、ドイツ、ギリシャ、ハンガリー、アイルランド、イタリア、日本、ルクセンブルグ、オランダ、ニュージーランド、ノルウェー、ポーランド、ポルトガル、スペイン、スウェーデン、スイス、英国、米国　※グループA			
	クロアチア、キプロス、エストニア、アイスランド、ラトビア、リトアニア、マルタ、ルーマニア、セルビア、スロバキア、スロベニア、トルコ ロシア、ウクライナ、ベラルーシ、カザフスタン ブラジル、メキシコ、 中国、韓国 南アフリカ	クロアチア、キプロス、エストニア、アイスランド、ラトビア、リトアニア、マルタ、ルーマニア、スロバキア、スロベニア、トルコ ウクライナ メキシコ インド、韓国	アイスランド、トルコ ロシア、ウクライナ ブラジル インド、韓国 南アフリカ	クロアチア、エストニア、ラトビア、リトアニア、マルタ、ルーマニア、スロバキア、スロベニア、トルコ ロシア、ウクライナ メキシコ インド、韓国 南アフリカ

＊経済産業省公表資料より筆者確認・作成

（イ）投資管理：対内直接投資管理の見直し（外為法改正・事前届出対象業種追加）

投資管理は、外国為替及び外国貿易法に基づき財務大臣及び事業所管大臣が規制を行っている。制度の詳細については、詳細の解説書(46)に譲り、本書では概略のみ触れる。経済の健全な発展につながる対内直接投資を一層促進するとともに、国の安全等を損なうおそれがある投資への適切な対応というメリハリのある対内直接投資制度を実現するため、外為法を改正し 2020 年５月８日施行した。事前届出対象業種についても随時追加・更新されている。以下の〈表 23〉が最近の動きをまとめたものである。

(46)　今村英章・桜田雄紀『紹介外為法――対内直接投資等・特定取得編』（商事法務、2021 年）、大川信太郎『外為法に基づく投資管理』（中央経済社、2022 年）。財務省 HP「対内直接投資審査制度について」https://www.mof.go.jp/policy/international_policy/gaitame_kawase/fdi/index.htm（2023 年１月９日確認）。

〈表23　対内直接投資管理の見直し（外為法改正・事前届出対象業種追加）〉

- 経済の健全な発展につながる**対内直接投資を一層促進**するとともに、**国の安全等を損なうおそれがある投資への適切な対応**という、**メリハリのある対内直接投資制度を実現**するため、外為法を改正（2020年5月8日施行）。以下*が改正の概要
- 外為法では、**国の安全を損なう事態等を生ずるおそれがある対内直接投資等に係る業種**として、**告示**で対象業種の範囲を**指定**。当該業種に属する事業を営む**日本の会社（国内子会社等が営む場合を含む。）に対する対内直接投資等が、事前届出の対象**。

問題のない投資の一層の促進＊

1．事前届出免除制度の導入

- 対内直接投資案件の大宗を占めるポートフォリオ投資等は、免除の対象
- 国の安全等を損なうおそれがある投資は、免除の対象外として外形的に明確化（政令・告示）
- 事後報告、勧告・命令により、免除基準の遵守を担保

国の安全等を損なうおそれのある投資への適切な対応＊

2．事前届出の対象の見直し

- 上場会社の株式取得の閾値引下げ
（現行10%→1%：会社法上の株主総会における議題提案権の基準）
- 経営への影響力行使につながる行為の追加
（例：役員への就任や重要事業の譲渡）

3．国内外の行政機関との情報連携の強化

事前届出対象業種の追加

国の安全を損なう事態等を生ずるおそれがある対内直接投資等に係る業種として、告示で対象業種の範囲を指定し、累次の見直しを行っている。

- **業種告示（別表第1）**

【医薬品・医療機器に関連する業種】**※令和2年7月適用開始** 感染症に対する医薬品（医薬品中間物を含む。※生物学的製剤も含まれる。）、高度管理医療機器（附属品・部分品を含む）製造業
レアアース等の重要鉱物資源の安定供給に関連する業種（金属鉱業等）**※令和3年10月適用開始**

- **業種告示（別表第2）**

【サイバーセキュリティに関する業種】**※令和元年8月適用開始** 集積回路製造業、半導体メモリメディア製造業、光ディスク・磁気ディスク・磁気テープ製造業、電子回路実装基板製造業、有線通信機械器具製造業、携帯電話機・PHS電話機製造業、無線通信機械器具製造業、電子計算機製造業、パーソナルコンピュータ製造業、外部記憶装置製造業、情報処理サービス業※、ソフトウエア業※等

＊政府公表資料より筆者確認・作成

（ウ）ビジネスと人権[(47)]

ビジネスと人権については、2022年9月「責任あるサプライチェーン等における人権尊重のためのガイドライン」が公表され、人権尊重の取組・デユーデリジェンスの指針が示されている。米国ではウイグル強制労働防止法が2022年6月から施行されており、輸入者は新疆ウイグル自治区原産でないことを明白かつ説得的な証拠によって立証する必要があるなど、ビジネスの負担となる制度となっており、国際的なルールの明確化や協調が残る課題である[(48)]。また、輸出に関連して、人権侵害を理由とし

(47) ビジネスと人権全体についての詳細は経済産業省HP「ビジネスと人権──責任あるバリューチェーンに向けて〜」及び外務省HPビジネスと人権ポータルサイト参照 https://www.meti.go.jp/policy/economy/business-jinken/index.html、https://www.mofa.go.jp/mofaj/gaiko/bhr/index.htm（2023年1月9日確認）。

たサイバー監視システムの輸出管理は欧州委員会で導入されている。日本では先端・重要技術ないしは機微技術について悪意ある者（malicious actors）による誤った利用（misuse）に係る輸出管理については、後述の日米経済版2+2でも議論されるなど、普遍的なアプローチとして輸出管理の厳格対応の検討課題となっている。

（エ）その他の最近の経済安保関連の法整備等

経済安全保障に関連が深い法制として2021年6月に重要土地調査法(49)が国会で成立している。またデータ・ガバナンスに関する最近の動きとしては、2022年6月に電気通信事業法改正法(50)が国会で成立している。この他、大学や研究機関と共同研究を行う企業にとっては本書の科学技術関連の施策で言及したとおり「研究インテグリティ」に関する開示等のルールに留意する必要がある。

---

(48) 日米間では2023年1月6日に西村経済産業大臣とタイ米国通商代表が「サプライチェーンにおける人権及び国際労働基準の促進に関する日米タスクフォースに係る協力覚書」に署名した。https://www.meti.go.jp/press/2022/01/20230107003/20230107003.html（2023年1月9日確認）。

(49) 重要土地調査法は、国境の離島や防衛施設周辺等における土地の所有や利用について調査を行い必要な規制を行うことを目的とし、2021年6月に国会で成立し、2022年9月に全面施行されている。重要施設の敷地の周囲の概ね1000メートル区域内及び国境離島等の区域内のうち、①それらの施設や離島等の機能の阻害を特に防止する必要のあるものを「注視区域」に、②注視区域のうち、特に重要又はその機能を阻害することが容易で、その機能の代替困難なものを「特別注視区域」として指定し国による調査や利用規制、土地等の買取り等の制度が規定されている。2022年12月27日同法に基づき、土地等利用状況審議会の意見を聴いた上で、北海道、島根県、長崎県の離島などを中心に告示により5都道府県の58箇所が初回の注視区域・特別注視区域に指定されている（2023年2月1日施行）。

(50) 電気通信事業法は、2022年6月に改正法が成立し23年6月施行を予定している。ここでは、大規模な電気通信事業者（無料サービスで1000万人以上、有料サービスで500万人以上の利用者）の情報管理の強化が規定されており、「特定利用者情報」として、電気通信サービスに関して取得する利用者に関する情報であって、①通信の秘密に該当する情報、又は②利用者を識別することができる情報であって省令で定めるもの、を規制対象としている。具体的には後者は、電気事業者と契約を締結した者やID等で利用者登録を行った者に関するデータベース化された情報が規制対象となる。ガバメントアクセス・リスクについては、個人情報保護法の2020年改正により越境移転規則の強化（28条）で規制が導入されている。また、2022年12月のOECDデジタル経済政策委員会閣僚会合では、「信頼性のあるガバメントアクセスに関する高次原則に係る閣僚宣言」が採択されている。

2　通商政策と経済安全保障の関係

(1) 概　観

通商政策は、政府が取り組む課題である。米中技術覇権争い、コロナ感染症の拡大、ロシアのウクライナ軍事侵攻・侵略、環境・人権問題への対応など、サプライチェーンのリスクが高まる中、通商政策においても経済安全保障と先端・重要技術の軸が重要となっている(51)。

経済安全保障政策の全体像にあるとおり、経済安全保障推進法に止まらず様々な課題を一体的に取り組む必要がある中、国際的なルール・メイキングや通商・貿易ツールの活用・執行を併せて行う必要がある。とりわけ「エコノミック・ステートクラフト」（Economic Statecraft）により経済的手段で諸外国が対外政策の目的を達成しようとする中、一方的経済措置への牽制や「経済的威圧」の抑止が通商政策と経済安全保障が密接に交錯する分野であり、戦略的な対応が求められる。通商政策の中に経済安全保障政策が含意され、一方で経済安全保障政策の柱の一つにルール・ベースをはじめとする通商政策が含意されている関係にある。

通商政策は、経済産業省設置法で「通商に関する政策」とされ、同法の任務（第三条）には「経済産業省は、民間の経済活力の向上及び対外経済関係の円滑な発展を中心とする経済及び産業の発展並びに鉱物資源及びエネルギーの安定的かつ効率的な供給の確保を図ることを任務とする。」とされている。すなわち、内外一体の経済産業政策が前提となっている点は(52)、経済外交との比較で重要な側面であり、成長戦略や骨太方針も意識しながら政策が進められている。

1970年代・1980年代・1990年代前半までは日米通商摩擦（繊維、TV、鉄鋼、工作機械、自動車、半導体）が主要な課題であった(53)。1995年の

---

(51) 2021年5月24日の経済産業省産業構造審議会通商・貿易分科会は経済安全保障の軸足を明確に示し始めた。資料参照。https://www.meti.go.jp/shingikai/sankoshin/tsusho_boeki/pdf/008_02_00.pdf（2023年1月9日確認）。

(52) 通商白書各年版参照 https://www.meti.go.jp/report/whitepaper/index_tuhaku.html（2023年1月9日確認）。

(53) 阿部武司編著「通商産業政策史2 通商・貿易政策 1980-2000」（経済産業調査会、2013年）。

WTO 創設によるルール・ベースのマルチラテラル・多角的貿易体制の確立で日米間の課題も徐々に国内の構造問題にシフトした。更に 2001 年の中国の WTO 加盟があり、2008 年を境にした WTO ドーハ・ラウンド交渉の停滞により、経済連携協定[54]・メガ EPA 時代（TPP、日 EU、日米、RCEP 等）へ進展した。2008 年のリーマン・ショック[55]後の中国の高度成長、自主創造政策、中国製造 2025、軍民統合政策（2015 ～）などを背景に米中の貿易摩擦が深まった。通商政策では、デジタル貿易や市場歪曲補助金[56]への対応、さらにはサプライチェーン・リスクへの対応や環境や人権など普遍的価値に基づくルール・メイキングが課題となっていった[57]。こうした動きを受けて、2021 年 6 月以降、経済産業省産業構造審議会総会の「経済産業政策の新基軸」[58]においても、ミッション志向の経済産業政策の中の一つの政策として経済安全保障が位置付けられている。

(2) 2022 年の一連の通商政策の進展──ケース・スタディの題材として

その後の主な通商政策の進展については、以下の一連の流れで概観を記載・紹介する[59]。〈表 24〉は同志国と国際連携・ルール・メイキングの推

(54) 日本発の経済連携協定である日星の交渉経緯については、以下を参照。風木淳「日シンガポール新時代経済連携協定の諸問題について」日本機械輸出組合 JMC ジャーナル 2002 年 3 月（2002 年）。

(55) リーマン・ショック後の貿易措置と透明性について論じた文献として以下が参考。Jun Kazeki, *The "Middle Pillar"-Transparency and Surveillance of Subsidies in the SCM Committee-Reflections after the global economic crisis,* Global Trade and Customs Journal 5-5（2010）。

(56) 風木淳「経済連携協定と WTO 協定を巡る通商ルールと産業競争力──「公的補助・産業補助金」の最近の動向と今後（日本、米国、欧州及び中国の通商 4 強時代の一考察）」日本国際経済法学会年報 第 23 号（2014 年）。

(57) 通商政策の最近の動向については以下の考察が包括的に取り上げている。宗像直子『通商戦略の再構築──CPTPP とその先へ』（一般社団法人アジア・パシフィック・イニシアティブ、2022 年）、中富道隆「デジタル貿易推進と東アジアの対応について──WTO・FTA を中心とした多柱的アプローチの必要性」（RIETI Policy Discussion Paper Series 22-P-006、2022 年）、西脇修『米中対立下における国際通商秩序』（文眞堂、2022 年）。

(58) 経済産業省産業構造審議会総会 2021 年 6 月 4 日 資料 2「経済産業政策の新基軸」https://www.meti.go.jp/shingikai/sankoshin/sokai/pdf/028_02_00.pdf（2023 年 1 月 9 日確認）。

(59) 日米首脳会談（2023 年 1 月 13 日）の日米共同声明においても、経済安全保障の機微・新興技術の守りと攻めの強化に言及がある。"we will sharpen our shared edge on economic security, including protection and promotion of critical and emerging

進を巡る最近の全体像を示している。

特に2022年は前半に日米を中心に様々な枠組みが進展したところであり、一時代を形成した時期として政策の進展のケース・スタディとしても重要であり、一連の表で説明することとしたい。〈表25〉は2022年5月12日に本格始動した日米商務・産業パートナーシップの概要であり、半導体協力基本原則が合意されるなど進展が見られた。〈表26〉は2022年5月23日に開催された日米首脳会談の概要であり、経済安全保障等について日米間で具体的な協力に合意した。〈表27〉は、2022年7月29日の日米間の閣僚級の日米経済政策協議委員会の概要であり、これはいわゆる経済版2+2として日米で初めて開催されたものである。こうした経済安全保障などを主要なテーマの一つとした連携の動きは日米に止まらず日EUでも同時並行で行われており、〈表28〉は、2022年5月12日に開催された日EU首脳定期協議の概要である。首脳宣言でEU側として初めて「economic security」の文言を本格的に使い具体的な協力内容を示したものとされる。もとより2021年9月より米国とEU間では米国・EU貿易技術評議会（TTC：Trade and Technology Council）が閣僚級の定期会合として立ち上がっており、先端・重要技術を巡る議論も行われていたところであり、この時期は、日米EUの3極が先端・重要技術や経済安全保障で連携する機運が醸成されていたところである。更に後述するロシアのウクライナ軍事侵攻・侵略の開始（2022年2月24日）に伴う先端・重要技術を含む輸出禁止等の経済制裁の協力も並行して進展し、日米EUの重厚な連携がなされたところである。日米EUが参加するG7では、例えば〈表29〉のとおり2022年9月14・15日のG7貿易大臣会合においては、経済安全保障に関連が深い「強靱で持続可能なサプライチェーン」、「WTO改革」、「公正な競争条件と経済威圧」などの論点で具体的な協力の方向性が示され、翌

---

technologies, including semiconductors; space, ...and clean energy ...” https://www.whitehouse.gov/briefing-room/statements-releases/2023/01/13/joint-statement-of-the-united-states-and-japan/（2023年1月14日確認）。同声明には、2022年5月23日の日米首脳会談以降の一連の通商政策の進展や2022年12月16日に閣議決定された国家安全保障戦略を踏まえた内容が多く盛り込まれている。日米共同声明和訳 https://www.mofa.go.jp/mofaj/files/100446133.pdf（2023年1月14日確認）。

2023年の日本のG7議長の年に繋がっていった。こうした動きの背景には、政府全体を俯瞰した動き、内外の連携、人材の活躍といった側面も更に詳細を精査すれば見えてくる。本書は、経済安全保障と先端・重要技術の実践論を展開するものであるが、特に日米や日EU、同志国連合の組み立てがどうなされていったか示唆に富む流れと考えられる。

〈表24　全体像：同志国との国際連携・ルール・メイキングの推進（2022年）〉

普遍的価値を共有する**日米欧の経済政策連携**のため、**首脳・閣僚級対話を推進**

JUCIP（日米商務・産業パートナーシップ・5/4閣僚級）

- 「**半導体協力基本原則**」を策定　・**デジタル経済の推進**
- **輸出管理協力に関する協力計画**策定、**両国産業界から幅広く意見公募**する共同プロセス開始
- **相互投資交流の推進**(J-Bridge、Select USA)　・第三国交えた**クリーンエネルギー投資の加速**　等

日米首脳会談（5/23）

- 技術を保有する**同志国による責任ある機微技術管理のイニシアチブ**の立上げ
- **サプライチェーン強靭化**　・**基幹インフラのサイバーセキュリティ**確保　・**国際共同研究開発**

経済版2＋2(日米経済政策協議委員会・7/29閣僚級)

- **ルールに基づく経済秩序を通じた平和と繁栄の実現、経済的威圧と不公正・不透明な貸付慣行への対抗**
- **重要・新興技術と重要インフラの促進と保護（半導体を含む重要新興技術の日米共同R&D/重要インフラに対する脅威情報共有/5G・OpenRAN分野での日米連携等）**
- **輸出管理/強靭なサプライチェーン構築（半導体、蓄電池、重要鉱物等）に関する日米連携**

日EU定期首脳協議（5/12）

- ・**半導体等のサプライチェーン**強靭化　・**重要インフラ・サイバーセキュリティ**協力
- 「**技術は**権威主義的監視・抑圧等の**人権侵害に誤用・濫用されるべきではない**」との認識を共有
- ・デジタル・パートナーシップの立上げ

（参考）2021年9月　米欧TTC共同声明（ANNEX IIより抄）
"The European Union and the United States **acknowledge the need for controls on trade in certain dual-use items, in particular technologies, including cyber-surveillance technologies** that may be misused in ways that might lead to serious violations of human rights or international humanitarian law."

〈表 25　JUCIP（日米商務・産業パートナーシップ）（2022/5/4）〉

権威主義による国際秩序への挑戦やグローバルサプライチェーンの脆弱性の顕在化を踏まえ**次なる国際経済秩序の構築を見据え**、普遍的価値を共有する**日米両国が経済政策での連携**が不可欠である中、**閣僚級の対話を立上げ・推進**。
5/4、萩生田経産大臣とレモンド商務長官との間で**第１回日米商務・産業パートナーシップ（ＪＵＣＩＰ）閣僚級会合**を実施。

JUCIPにおける成果（ファクトシート 抄）

- 「**半導体協力基本原則**」※1を策定
- **輸出管理協力に関する協力計画**※2の策定、**両国産業界から幅広く意見公募**する共同プロセスの開始
- ｸﾞﾛｰﾊﾞﾙ越境ﾌﾟﾗｲﾊﾞｼｰﾙｰﾙ（CBPR）ﾌｫｰﾗﾑの設立、５G・ORAN等の第三国協力、AI関連標準協力等**デジタル経済の推進**
- J-Bridge、Select USAを軸とした**相互投資交流の推進**
- 第三国を交えた**クリーンエネルギー投資の加速**　等

※１　半導体サプライチェーンの強靭性を強化するための共通のビジョン、目的、戦略を明らかにした「半導体協力基本原則」を共同で策定。その基本原則の下で、経済産業省と商務省は、半導体製造能力の多様化、透明性の向上、有事の際の対応、半導体研究開発と労働力開発の強化に係る協力を進める。

※２　輸出管理協力に関する協力計画の共同策定。この協力計画は、現在および今後にあり得る輸出管理制度の動向、機微なデュアルユース技術、深刻な人権侵害や虐待を助長する目的で利用される可能性のある先端技術に関する技術的協議をさらに強化するものである。

〈表 26　日米首脳会談（2022/5/23）〉

- 同志国連携の筆頭として、**経済安全保障等に係る日米連携の具体協力**に合意。
- 経済分野での日米協力を拡大・深化することにコミットすべく、**EPCC（経済版「２＋２」）の７月開催**に合意。（**同志国含む経済安全保障**・インド太平洋/国際社会の**ルールベースの経済秩序**）

日米首脳会談における成果（「日米競争力・強靱性（コア）パートナーシップファクトシート」・抄）

- ■ **競争力・イノベーション**
  ①デジタル経済、②Open RAN、**③サイバーセキュリティ／重要インフラの強靱性(脅威情報の共有※1等)**、④インド太平洋協力、**⑤科学技術(経済安全保障に資する重要・新興技術の共同研究開発※2等)**、⑥民生宇宙、⑦国際標準化、**⑧輸出管理(マイクロエレクトロニクス・サイバー監視システム※3)**、**⑨サプライチェーン強靱化(半導体※4・先進蓄電池・重要鉱物、人権尊重に係る予見可能性向上等)**
- ■ **新型コロナ、健康安全保障**
- ■ **気候変動、クリーンエネルギー、グリーン成長・復興**
- ■ **日米のパートナーシップの拡大・刷新**

※１「日米両国は、**脅威情報を共有**することにより、両国の**基幹インフラの防御を向上**させることにコミットする。」
※２「日米両国は、将来的に**両国間だけでなく、他の同志国とも共同で技術の調達及び活用を行う可能性**も見据え、それぞれの**経済安全保障に資する重要・新興技術の共同研究開発プロジェクトを行う意図**を有する。」
※３「日米両国は、**悪意ある者による重要技術の誤用**や**研究活動を通じた新興技術の不適切な移**転に対処するため、**マイクロエレクトロニクスやサイバー監視システム等の重要技術**のより効果的かつ機動的な輸出管理に関する日米協力を強化するための連携について議論した。」
※４　共同声明では、JUCIPで合意された「半導体協力基本原則」に基づき、次世代半導体開発の共同タスクフォースの設置を発表

〈表 27　日米経済政策協議委員会（経済版「2+2」）（2022/7/29）〉

- 経済版「2+2」が、国際経済秩序を維持・強化し、自由で開かれたインド太平洋の実現において戦略的重要性を有しているとの認識を共有。
- 閣僚級「2+2」の定期開催と年内の次官級協議の開催について一致。

日米経済版「２＋２」閣僚級における成果（共同声明・行動計画　抄）

- ■ **ルールに基づく経済秩序を通じた平和と繁栄の実現**
- ■ **経済的威圧と不公正・不透明な貸付慣行への対抗**
- ■ **重要・新興技術と重要インフラの促進と保護**
  半導体を含む重要新興技術の日米共同R&D[1]
  /新たな研究開発組織設立への米企業等の参画への期待
  /**重要インフラに対する脅威情報共有**[2]/5G・OpenRAN分野での日米連携
- ■ **サプライチェーンの強靭化**
  輸出管理[3]/**強靭なサプライチェーン構築（半導体、蓄電池、重要鉱物等）**に関する日米連携[4]

<参考：行動計画における記載>

※**1**　日米両国は、技術革新がもたらす変革の機会に留意し、日本と米国の間及び志を同じくするパートナーの間の両方において、重要・新興技術の共同研究開発プロジェクトを探求し、支援することにコミットする。

※**2**　日米両国は重要 インフラへの脅威に関する情報共有の重要性を確認する 。

※**3**　日米両国は、悪意のある者によ る重要・ 新興技術の誤用及び研究活動を通じた新興技術の不適切な移転に対応するために、マイクロ・エレクトロニクス及びサイバー監視システムを含む重要・新興技術のより効果的で且つ機動的な輸出管理に関する日米協力を強化するための共同の取組を継続することを追求する。

※**4**　日米両国は、「日米商務・産業パートナーシップJUCIP」及びその他の枠組の下で、戦略的部門、特に半導体、電池、重要鉱物におけるサプライチェーンの強靭性を促進するための取組を前進させることを追求する。

〈表 28　日 EU の経済政策連携の加速（日 EU 定期首脳協議）（2022/05/12）〉

権威主義による国際秩序への挑戦には、日米連携に加え、日EU間の連携も不可欠である中、**日EU定期首脳協議を開催**（2022/5/12）。

日EU定期首脳における成果（経済政策連携関連抜粋）

1　**権威主義国家への対峙**
- ➢ 経済安全保障分野の協力の推進
  ①**半導体等のサプライチェーン**強靭化　②**重要インフラ・サイバーセキュリティ**協力
- ➢ 人権と技術
  技術は権威主義的監視・抑圧等の**人権侵害に誤用・濫用されるべきではない**との認識共有
- ➢ デジタル・パートナーシップの立上げ

2　**エネルギー安全保障とカーボンニュートラルの現実的な両立**

3　**途上国の取り込み**

<日EUデジタル・パートナーシップ概要>　※今後閣僚級立上げ、進捗は毎年首脳級でレビュー
【目的】DFFTを踏まえ、データについて持続可能な社会を達成するため、デジタル分野の協力を前進。
【協力分野】DFFT、強靭なサプライチェーン（半導体他）、5G/Beyond 5G、HPC/量子コンピューター、サイバーセキュリティ、プライバシー、人工知能、プラットフォーム協力、デジタル貿易、産業等のDX、標準化、コロナのデジタル認証等

〈表29　G7貿易大臣会合（2022/9/14・15）〉

強靭で持続可能なサプライチェーン、WTO改革、公平な競争条件等共同声明を発出。

強靭で持続可能なサプライチェーン

強靭性の観点について、G7として、輸出規制の抑制など、市場を開き、貿易投資を促進するための取組をリードすべき。同時に、重要物資の供給源の多様化や産業基盤強化を通して、サプライチェーンの混乱や途絶への備えを行う必要。また、機能不全に陥る国際輸出管理レジームを補完する新たな枠組みについても検討が必要。

持続可能性、特に人権の観点について、日本はサプライチェーンにおける人権尊重のためのデュー・ディリジェンスに関するガイドラインを今週公表。サプライチェーンからの強制労働排除、人権尊重に企業が積極的に取り組める環境を整備するため、国際協調を進めていきたい。

WTO改革

交渉機能の強化のため、有志国で行うプルリ交渉の議論を加速させる必要。特に電子商取引交渉は、MC13までに実質的に議論を進展させ、交渉の早期妥結を目指すことが不可欠。紛争解決機能改革については、日本として、MC12でコミットした2024年までのWTO紛争解決機能の回復に向けて全力で取り組む。紛争解決機能回復までの間に空上訴が累積し、WTO協定違反行為を十分規律できなくなることを強く懸念。上級委員会が機能停止している間の暫定的な対応についても検討が必要。

公平な競争条件と経済的威圧

不透明かつ市場歪曲的な措置に対して、有志国で結束して対応する必要。特に、産業補助金や国有企業、強制技術移転の問題についてルールの強化、策定及び執行を進めていくべき。産業補助金と国有企業については、WTOにおける補助金通報の透明性向上や、過剰生産能力に繋がるものも含む有害な産業補助金、国有企業の市場原理に基づかない行動について規律強化が重要な課題。強制技術移転については、間接的な形を含む全ての強制技術移転について対応すべき。既存のルールの遵守が徹底されるよう、WTOを含む様々な場も生かして同志国と連携するとともに、技術移転要求に関する規律の強化についても検討する必要。G7として、「経済的威圧を許容しない」との立場を世界に示し、幅広い有志国と連携して行う具体的な対応策についても模索する必要。

（参考）その後のAPEC閣僚会合（2022/11/17）の西村経済産業大臣の主な発言は以下のとおり（プレスリリースより引用）。
ロシアのウクライナ侵略は、エネルギー価格の高騰を含むエネルギー安全保障の危機を世界にもたらし、このような行為は断固許されるべきものではなく、強く批判を行った。アジア太平洋地域における自由で公正な経済秩序の構築が不可欠であり、市場歪曲的措置や経済的威圧の是正を進めるべきことを強調した。MC13に向けたWTO改革の必要性についての認識を共有した。持続可能な成長のための重要な産業基盤であるサプライチェーン強靭化、デジタルの活用及びそのベースとなるDFFTの理念の重要性を呼びかけた。エネルギー価格高騰への懸念を表明し、エネルギーの安定供給を確保しつつ、APEC地域における現実的なエネルギー・トランジションを通じたカーボンニュートラル実現の必要性を発信した。

3　通商政策の執行面（紛争処理、経済威圧への対抗、貿易救済措置含む）

（1）概　観

米欧では、通商ないし貿易政策、すなわち「Trade Policy」は、通商協定の交渉の他、貿易救済措置（アンチダンピング措置（AD）、補助金相殺関税措置（CVD）、セーフガード措置（SG））やWTO紛争処理、対抗措置ルール（301条、経済威圧への対抗立法[60]等）の執行面に重きがある。「Trade Policyを使う」という言い方すらなされるが、日本の幅広い内外一体の経済産業政策の中での通商政策とニュアンスが異なることがある。米国はUSTRが通商政策（協定交渉やWTO紛争処理執行）を担当し、商務省が輸

(60) EUはリトアニアを巡る中国の経済威圧措置に関する問題などを背景に経済威圧への対抗立法案を有している。

出管理・貿易救済措置を担当している。一方、欧州委員会貿易総局は、協定交渉、貿易救済措置執行、輸出管理や投資管理の加盟国調整を包括的に担当している。ルール・メイキングと執行において層の厚い人材を欧米が有している[(61)]。こうした執行面では、日本では「不公正貿易報告書[(62)]」が1992年以来、30年以上の歴史と実績があり、WTO紛争処理制度の活用をはじめとしたルール・ベースの取組の支柱となっている。不公正貿易報告書2022がまとめた「不公正貿易報告書30年のあゆみ」[(63)]が以下のとおり歴史的経緯を包括的にまとめている[(64)]。WTO上級委員会の機能が麻痺した現状においては、WTO紛争処理機能の回復が急務とされている[(65)]。

(2)「不公正貿易報告書30年のあゆみ」と紛争処理制度の重要性

「不公正貿易報告書30年のあゆみ」は、30年を4期に分け、第1期：不公正貿易報告書のスタート（1992年から2000年）、第2期：ドーハ開発アジェンダの交渉後押し・中国WTO加盟・「経済産業省の取組方針」のスタート、「第Ⅲ部：経済連携協定・投資協定」の創設（2001年～2007年）、第3期：世界金融危機と保護主義抑制（2008年～2016年）、第4期：多角的貿易体制の揺らぎと市場歪曲措置への対応（2017年～現在）としている。これらは通商政策の歴史や重点を端的に示している。現在の経済安全保障政策に至る流れとも密接な関係があり、筆者が直接関わったケースも数多くあるところ、以下振り返ることとしたい。

---

(61) 風木淳「通商ルールと国際競争力―「事務局化」力の向上・官民挙げた人材育成が急務」国際商事法務Vol.38. No.9（2010年）。

(62) 経済産業省通商政策局編『不公正貿易報告書各年版』。

(63) 経済産業省通商政策局編『不公正貿易報告書2022版』11頁「不公正貿易報告書30年のあゆみ」。

(64) 対米紛争から対中国など対新興国へシフトした経緯や転換点について、風木淳「国際経済紛争解決に向けたWTOの戦略的活用」日本機械輸出組合JMCジャーナル2013年3月号（2013年）（カナダ・オンタリオ州の再生エネルギー・ローカルコンテント措置（DS412）、中国のレアアース輸出制限（DS433）、アルゼンチンの輸入制限措置（DS445）、中国の日本製高性能ステンレス継目無鋼管に対するAD措置（DS454）、ロシアの自動車廃車税制度（DS463）、米国のゼロイング禁止措置履行合意（DS322）等を紹介）。

(65)「WTO上級委員会の機能停止下の政策対応研究会中間報告書概要」経済産業省産業構造審議会通商・貿易分科会特殊貿易措置小委員会2022年7月7日）参照 https://www.meti.go.jp/shingikai/sankoshin/tsusho_boeki/tokushu_boeki/030.html（2023年1月9日確認）。

創刊時の92年は、東西冷戦が1989年に終了し、1980年代からの電気・電子産業や機械・自動車産業の競争力により世界経済における日本のプレセンスが高まった時期であり、米国の警戒感は、日米半導体協定（1986年・1991年）、対米自動車輸出自主規制・日米自動車摩擦（1981年-1993年）に象徴されるように、一方的措置や数値目標を含む措置に繋がっていった。一方で、ジュネーブではGATTウルグアイ・ラウンド（1986年～1993年）が大詰めを迎えるタイミングでもあり、米国の一方的措置や数値目標の結果主義について公正か不公正をいわば検事と判事を兼任した一方的判断ではなく、ルール・ベースで客観的に判断する道筋が模索された。1995年にはWTOが創設され、拘束力の強い紛争処理制度が整備され、セーフガード協定11条では、輸出自主規制のような灰色措置は禁止され、また、WTO協定・紛争解決手続（DSU）23条では、多角的ルールに基づかない一方的措置は基本的に禁止された。1995年の日米自動車協議は、橋本龍太郎通商産業大臣とカンター通商代表の交渉で有名であるが、日本側の粘り強い交渉で、DSUを活用したWTOへの協議要請（いわゆる提訴）も活用し、米国製品を一定の数量を購入するといった数値目標は回避された歴史的な交渉であった。WTO紛争解決手続は、簡略化して言えば、協議要請、パネル、上級委員会、決定の実施、実施できない場合の代償措置と進み、ルール・ベースで解決を図る仕組みであり、協議要請が行われた段階でDS番号が付与される。日本の対米協議要請・提訴は、「DS6」であり、6番目のケースだった。現在30年近くが過ぎWTOでは、600以上のケースが扱われている。

第2期開始の2001年はドーハ・ラウンドの開始と中国加盟と台湾加盟（台湾は法的には2002年加盟）があった重要な年である。紛争処理制度による執行の信頼性を維持する上でも、そのベースとなるルールを時代に合わせて交渉しアップデートしなければならない。そうした点で2001年から2007年は、交渉を優先し、紛争処理については、真に重要な案件を扱うという流れであった。WTO創設前のGATTの時代は、米国、EC、日本、カナダの4極通商大臣会合を中心に20ヶ国程度の主要国で二国間の個別関税交渉の集約をマルチラテラル・全体でバランスするという伝統的な交渉であったが、WTO時代は包括的なアジェンダを100以上の加盟国・地域（現在164）で行う交渉であり、2008年に向けて惜しいところまで到達したが、鉱工業品、農業、サービス、ルールを含む包括交渉を妥結することはできなかった。2001年は日本がWTO一辺倒から、経済連携協定に舵を切った年としても重要である。日本で第一号の経済連携協定である日シンガポール経済連携協定が2001年に実質合意に至り2002年に施行されている。経済連携協定・投資協定の分析が不公正貿易報告書で始まったのもこの頃である。2004年の取組方針を見ると当時の懸案紛争案件が分かる。具体的には、米国（1916年アンチ・ダンピング法、バード修正条項、日本製熱延鋼板に対するアンチ・ダンピング）、中国（半導体に賦課される増殖税の還付に関する問題、自動車販売に関する輸入車と国産車の併売に関する問題、自動車・同部品の輸入割当制度の運用、写真フィルム等に関する関税譲許不履行、アンチ・ダンピング措置の運用、貿易権・流通業に関する法整備の遅れ）、EU（化学品規制（REACH）案、電気・電子機器廃棄物に関する指令（WEEE）、電気・電子機器における特定有害物質の使用制限に関する指令（RoHS））、マレーシア（自動車に関する内国税の適用等に関する問題）、タイ（デジタルカメラの関税賦課に関する問題）の貿易政策・措置に加え、中国やその他のアジアに共通する課題として模倣品・海賊版等の不正商品の横行について取り上げている。

第3期の2008年は転換年である。2008年7月にWTOドーハ・ラウンドの包括交渉は頓挫した。日本の通商交渉を担当する閣僚（甘利明経済産業大臣）が7月に13日間連続してジュネーブに滞在する異例の大詰め交渉であったが、大国間の懸隔点は解消せず残念ながら実質合意に至らなかった。この経験はTPP交渉など日本ではメガEPA交渉の進展・妥結へと繋がっていく（TPPの他、日EU、日米、RCEP等）。この2008年の9月以降はリーマン・ショック・世界金融危機により、世界で保護主義措置の蔓延を招き、WTOは新しいフェーズに入った。中国は危機の影響が少なく、いち早く経済回復を果たし世界経済を成長力で牽引するようになった。ブラジルやインドなど新興国の成長も著しくなった。不公正貿易報告書は、各国の地域別・国別政策・措置を記している第I部の章立ての順番は、日本との貿易額を基準に整理しているが、2008年版から、実際に中国がその冒頭である第1章に位置付けられるようになった。

こうした中で、先進国間の紛争処理から、むしろ新興国の保護主義措置に対して取り組む必要性が高まってきた。その際には、日米欧を中心に同志国連合で新興国の保護主義に対応するケースが増加した。実際、日本も対米提訴で勝訴した日米ゼロイング紛争[66]（ダンピングマージンをプラスとマイナスを合算せず水増しする米国の保護主義的制度）について、2004年から協議要請、パネル、上級委、履行手続き（米国が履行しない場合には代償としてルールに則り対米関税を課す）段階まで進み米国の規則改正を約束させて2012年2月に日米合意で妥結した。日本はWTO紛争手続で履行面を含めた全段階のツールを対米国交渉でも使いこなす組織的・人材的能力を有する点は重要である。アカデミアや法曹界の人材が政府と行き来する人材エコシステムが本分野では欧米並みに確立されている。

日米で大型案件の解決を図る一方で、2012年3月には日米EUで連携して対中国でレアアース紛争で対中協議を開始した。同志国間で伝統的課題に長期で争っている場合ではないとの認識の下、解決策を見い出し、むしろ喫緊の課題に対して同志国が連携する形で、優先順位やリソースの転換が図られたところである。2008年-2016年頃の具体的な事例としては、中国（DS433：レアアース等輸出制限、DS454：日本製高性能ステンレス継目無鋼管に対するAD措置）、アルゼンチン（DS445：輸入制限措置）、ロシア（DS463：自動車廃車税制度）、ウクライナ（DS468：自動車セーフガード措置）、韓国（DS495：日本産水産物等の輸入規制、DS504：日本製空気圧伝送用バルブに対するAD措置）、ブラジル（DS497：自動車の内外差別的な税制恩典措置）、インド（DS518：熱延鋼板に対するSG措置）等が挙げられる。

第4期の2017年から現在は、多角的貿易体制の揺らぎがより鮮明になった時期である。特に本書のテーマでもある先端・重要技術を巡る覇権争いを含めた米中貿易摩擦、市場歪曲措置の問題、英国のEU離脱、更には直近のコロナ感染症、ロシアのウクライナ軍事侵攻・侵略と続いた。

---

(66) 風木淳・米谷三以・西岡慶記共著「ゼロイング紛争の歴史的意義」国際商事法務Vol.41. No.8（2013年）。

米国の姿勢によりWTO上級委員会の委員が選任されずWTO上級委員会の機能が2019年12月以降麻痺することとなった。2010年に既に世界第2の経済大国になっていた中国は、WTOや世界の貿易システムにおける存在感を増す一方、国有企業の問題や過剰生産能力、非市場経済的措置、強制技術移転措置や不透明な措置などへの対応を問われるようになった。「公平な競争条件」（level playing field）を巡る議論が活発化した。さらに新しい課題としてデジタル貿易への対応、データ保護主義や炭素国境調整メカニズム（CBAM）、感染症に関連する貿易措置など、全体としてデジタル、グリーン、レジリエンスに対する対応が執行にも関係してきている。これまで抑制的に議論されてきたGATT21条の安全保障例外措置に関連するケースが複数登場するなどWTOの執行を巡る動きは複雑化した。IOT、AI、ビックデータ、半導体はじめ先端・重要技術を巡る貿易課題と国際経済ルールについても、各国とも人材投入に躍起であり、「不公正貿易報告書30年のあゆみ」の中で世界と凌ぎを削ってきた日本の役割も大きいと考えられる。

（3）WTO協定の安全保障例外規定について（概括）

（ア）概　観

WTO協定の安全保障例外規定との関係については、安全保障や経済安全保障の議論と密接な関連がある重要な論点であり、先端・重要技術を巡る法的な問題を扱う際にも必須であるためここで概括的に触れたい。実務的な法的評価は判例の詳細を別途入念に分析する必要がある点に留意頂きたい。

「中国製造2025」の公表や「軍民統合戦略」の顕在化で、その後の米中技術覇権争いの端緒ともなった2015年、筆者は、論考「貿易と安全保障―実務家から見た法の支配」（岩沢雄司・中谷和弘編『国際法研究』第4巻、信山社、2016年出版）でGATTの安全保障例外（21条）（〈表34〉）の援用に関連して、自由貿易と安全保障の間で実務家の間で繊細な均衡がある旨を指摘し、将来に向けて警鐘を鳴らした[(67)]。その後の世界情勢やWTO

（67）風木淳「貿易と安全保障――実務家から見た法の支配」『国際法研究』第4号39-62頁（2016年）。

ケースの進展、経済安全保障に関連する一連の措置を踏まえた均衡については、国際法、国際経済法の専門家や実務家が様々な見地から詳細に深い分析を行っている[68]。安全保障と自由貿易については、新たな均衡の模索が世界中の専門家や実務家の間で続いている。

〈表 34　GATT 安全保障例外〉

第二十一条 安全保障のための例外 この協定のいかなる規定も、次のいずれかのことを定めるものと解してはならない。 (a) 締約国に対し、発表すれば自国の安全保障上の重大な利益に反するとその締約国が認める情報の提供を要求すること。 (b) 締約国が自国の安全保障上の重大な利益の保護のために必要であると認める次のいずれかの措置を執ることを妨げること。 (i) 核分裂性物質又はその生産原料である物質に関する措置 (ii) 武器、弾薬及び軍需品の取引並びに軍事施設に供給するため直接又は間接に行なわれるその他の貨物及び原料の取引に関する措置 (iii) 戦時その他の国際関係の緊急時に執る措置 (c) 締約国が国際の平和及び安全の維持のため国際連合憲章に基く義務に従う措置を執ることを妨げること。

（イ）ロシア通過貨物事件（DS512）

ロシア通過貨物事件（DS512）が WTO パネルで判断の本格的な最初のケースであるが、ロシアが2014 年のクリミア危機を背景にウクライナ発の貨物の第三国への輸出に際し、ロシア通過を制限し、ウクライナに提訴

(68) 川瀬剛志「WTO 協定と安全保障貿易管理制度の法的緊張関係──2019 年日韓輸出管理紛争をめぐる覚書」『上智法学論集』第 64 巻第３・４号（2021 年）。塩尻康太郎「韓国向け輸出管理の運用の見直しに関する法的考察──GATT 第 21 条(b)(ii)をめぐる議論を中心に」『国際法研究』(2021 年)。川瀬剛志「米国・鉄鋼及びアルミ追加関税事件パネル報告──WTO 体制と経済安全保障への示唆」(RIETI Special Report 2022/12/21)。以下に記載の各関連ケースの概要は、WTO の紛争処理 HP・パネル報告書、不公正貿易報告書、上記文献等を参照した。

され、「通過の自由」を規定したGATT5条等の違反に問われたケースである。パネルは、GATT21条の考え方として、21条(b)(iii)の事案で「安全保障上の重大な利益の保護のために必要であると認める措置」についての判断の管轄権はパネルにあるとした上で、安全保障上の重大な利益に該当するかについては、一般的に各国に委ねられているが（説明（articulate）を要する）、その裁量は国際法上の信義誠実の原則（信義則：good faith）に依るものとし、一方で、信義則は、当該措置が提示された安全保障上の重大な利益との関係で最低限のもっともらしさ（a minimum requirement of plausibility）を満たすか否かという緩い形で判断されるとしている。もっともらしくないものでない（not implausible）であれば安全保障上の重大な利益が満たされるとされる。結果として、当該措置の当てはめにより、ロシアの措置は、2014年のクリミア危機は21条(b)(iii)の「国際関係の緊急時」に該当し、また、問題のロシアによる禁輸措置はその時点で取られたものであると認定して安全保障例外による正当化を認めた。以上がWTOケースの本格的な先例となったわけであるが、WTOには先例拘束性はなく、ケース・バイ・ケースで判断されることに留意する必要ある。また、国際法の一般原則上は、ロシアはクリミア併合という重大な国際法違反を犯している以上、そのロシアの被害国であるウクライナへの通商制限措置をそのまま認めることは、違法から利得や権利を得ることとなり、信義則上の安保例外の権利濫用を指摘する有力な見解もあることに留意する必要がある(69)。

（ウ）サウジアラビア・知的財産権関連措置事件（DS567）

2017年のカタール危機は、カタールのイラン寄りの姿勢に対してサウジアラビア等他の中東諸国が反発し国交断絶に至った事態であるが、サウジアラビアが行った知的財産権関係の一部措置をカタールがWTO・TRIPS協定違反としてWTOに提訴した事案である。カタールのメディア・スポーツ関係の企業の知的財産権について、サウジアラビアの国内で

(69) 中谷和弘「国家安全保障に基づく経済制裁措置──国際法的考察」日本国際経済法学会年報 第31号（2022年）128頁。

の権利侵害の放置、カタール企業によるサウジアラビア国内での民事救済上の弁護士委任手続きの入国管理による妨害、刑事罰の不適用などの関連対応が、TRIPS協定違反とされたが、GATT21条と同内容の規定であるTRIPS協定73条の安全保障例外の適用の有無が争われた。パネルは、事態が「国際関係の緊急時」に該当するか、問題の措置が「国際関係の緊急時」に行われたものか、安全保障上の重大な利益が明示されたか、そのために当該措置が必要かを判断したが、基本的にはロシア通過貨物事件の枠組みを踏襲し、安全保障上の利益については、最低限のもっともらしさ（a minimum requirement of plausibility）を満たすか否かであり、もっともらしくないものでない（not implausible）のであれば安全保障上の重大な利益が満たされるとした。当てはめの結果、「国際関係の緊急時」は認定され、民事上の手続きは包括的な措置の中の入国管理の一部なのでもっともらしくないものではないとし例外による正当化が認められたが、刑事罰の不適用については、サウジアラビアの当該企業は他の第三国の知的財産権も侵害しており、また、安全保障上の利益について包括的な措置との関係についてサウジアラビアの説明が十分でないとして正当化が認められないとした。

（エ）米国・鉄鋼及びアルミ追加関税事件パネル（DS544、DS552、DS556、DS564）

2018年3月に米国が1962年通商拡大法232条に基づく鉄鋼・アルミニウム製品に対する追加関税（各25%・10%）を課した措置に対し、中国、ノルウエー、スイス、トルコが提訴した事案については、WTOパネルは2022年12月9日、米国の措置は、GATT2条の関税譲許違反、適用除外国との関係でGATT1条（MFN）違反とし、安全保障例外のGATT21条(b)(iii)の適用が議論となった。この際の「国際関係の緊急時」について、「戦時」と対比しつつ、国際関係への影響の点で、戦争と同等でなくとも、それに「深刻さ・重大さにおいて少なくとも匹敵する（at least comparable in its gravity and severity）」ものでなくてはならないとした。米国の措置は、米国商務省が主張する国産品の輸入代替や国内産業の経済厚生への悪影響については、国内的要因であるとして検討せず、一方で、過剰生産能力問題については、G20グローバル鉄鋼フォーラム報告書から国際的な関心事項であると認めつつ、この問題が国際関係に与える影響の重大性が証明されないとして、米国の232条措置のGATT21条(b)適合性を否定した。

（オ）米国・香港原産地表示要件事件（DS597）

この事案は、米国が中国の2020年香港国家安全維持法制定を契機に香港が十分に独立していないとして特恵的扱いを停止し、香港産品について中国産品と表示するよう強制したことでGATT9条1項違反（MFN）を問われた事案であり、WTOパネルは2022年12月21日、米国の措置のGATT9条1項違反を認定した上で、安全保障例外でも正当化されないとした。なお、香港はWTO加盟国の一つであり、2001年の中国加盟後もWTO上は別の加盟国であり、この点はマカオや台湾も同様である。この際、GATT21条(b)(iii)の「国際関係の緊急時」が議論されているが、ケース・バイ・ケースの判断とされ、本件がそれに当たらないとしている。ここでは、「国際関係の緊急時」を、同パラで並列する「戦時」と対比しつつ、「国際関係で国家間や参加者間で発生する事態で、最も重大でそうした国際関係を事実上絶縁破壊するかそれに近い状況」(a state of affairs that occurs in relations between states or participants in international relations that is of the utmost gravity, in effect, a situation representing a breakdown or near-breakdown in those relations)」と定義している。

米国は安全保障の専門ではないWTOに安全保障を巡る判断はできないとの基本的な立場から、GATT21条(b)は自己判断的であって、米国の措置の同条適合性はパネルの管轄権はなく、審査に服さないと主張からスタートしつつ、パネルの議論には応じているが、本パネルについては、上級委員会が機能しない現状では上訴された場合でも「棚ざらし」となり、法的拘束力は生じない。米国の大統領令による国益を背景にした一方的措置とWTO協定上の関係が生じたケースではあるが、具体的に事案に応じてその均衡点を見いだすには引き続き予断を許さない状況であろう。

（カ）若干の所感

WTO 協定上は DSU3 条 2 項により国際法上の慣習的規則に従って協定解釈がされることとなっており、ウイーン条約法条約 31 条に沿ってまずは用語の通常の意味（ordinary meaning）から入る解釈順序に従うこととなっており、次に文脈や目的（context and object and purpose）を検討することが定着している。なお、一般論としてウイーン条約法条約 32 条では解釈の補足的手段として起草過程も参照されるが劣後する点は留意が必要である。起草時の想定と後世における文言解釈の堅い形式的対応とが乖離して、ルール交渉当時の国益をかけた交渉官の経験知と、数十年後のパネルのパネリストによる形式判断が実質的に異なってしまうことがあることは、法的安定性と各国の想定との緊張関係が生じる難しい場面である。文言解釈では提訴側に有利であり、WTO 紛争は提訴側が 9 割以上勝つとされてきた。保護主義に対抗することや大国の一方的措置の牽制、ルール・ベースの対応の基本ではあり、多くの国に予見可能性を与えてはいる。一方で、とりわけ国家間で安全保障を巡る情勢が複雑になってきた中で安全保障の根幹にまで踏み込んだ判断を実務の専門家間の一定の自制範囲や信頼関係ベースの交渉を超えて、既存ルールで全くの第三者に形式的に委ねることが適切か否かは議論があるところである。とりわけ、各国の国内法は国会・議会によってルールを時代に即して改正しアップデートすることによって解決できるが、WTO は安全保障関連については、ルール・メイキング、交渉によるルール形成の経験は極めて限定的な状況であり、今後も難しい課題である。

他方で、安全保障に限らず、貿易・経済課題一般には、紛争処理制度により、先例拘束性がない中でも、第三者であるパネルでルールの客観的判断・実質的ルール形成が行われている側面もあり、上級委員会が機能しない状況でも、パネルレベルでの判断を勝ち取り、国際場裏にアピールするという手法での役割を見いだす事態も生じている。また、欧州や中国は WTO 紛争解決手続きによる二国間協議やパネルを引き続き積極活用しており、更には、MPIA（Multi-party Interim Appeal Arbitration：多国間暫定上訴仲裁アレンジメント。上級委員会が機能回復するまでの当面の代替策として EU が提案し中国も参加している暫定的な仲裁の仕組み）も進めている。

こうした国際場裏を含めた激しい戦いは、結局は、経済安全保障の背後にある競争にも通じる可能性があり、重要な側面と言える。すなわち、WTO は 164 ヶ国のコンセンサスが困難で機能しにくいため、もはや「通商戦士」的な時代ではないとして軽視するということではなく、WTO 協定や紛争処理メカニズムはあらゆる通商協定や経済連携協定などの基本ルールとして根付いている現状を踏まえた対応が重要である。米国、欧州、中国が人材エコシステムを形成して、交渉からルール監視、執行、紛争処理、あるいは、国内制度形成時の WTO 整合性についてのしたたかなギリギリの対応に至るまで、包括的な戦い（a holistic approach）を行っていることを忘れるべきではない。本書で強調している①政府全体の取組と各界の関係者の大局的・俯瞰的視点が重要であること（a whole of government approach、a holistic approach（a big picture approach））、②同じゴールを目指す内外の関係機関・関係者との連携（国レベルでは同志国連合も含む）、官民の連携が重要であること（alignment with like-minded partners、public-private partnership）、③人材交流・育成と広く関係者との意思疎通が重要であること（talent ecosystem、communications）はここでも当てはまる。

（4）貿易救済措置と経済安全保障（市場環境整備）

貿易救済措置は、WTO 協定上他国の不公正な貿易措置によって国内の産業に損害がある場合に例外的に追加関税等を課すことが認められている制度に基づくものである(70)。

日本は欧米との通商摩擦を経験した 1980 年代から 1990 年代にかけては、日本から競争力のある品目の輸出に対する欧州や米国からのアンチダンピング課税に悩まされており、その濫用を牽制する規律強化を希求してきた経緯があり、WTO ドーハ・ラウンド交渉においても、同志国と「AD

(70) 制度の詳細等は、貿易救済措置（アンチダンピング等）トップページ経済産業省 HP 参照。https://www.meti.go.jp/policy/external_economy/trade_control/boekikanri/trade-remedy/index.html（令和 5 年 9 月 1 日確認）。

フレンズ」を組織して規律強化のためのAD協定改定交渉をリードした[71]。2008年にドーハ・ラウンド交渉は頓挫し、2011年の交渉テキスト[72]を最後にルール交渉は進展がない。他方で、協定改定交渉で重要な論点であった、ファクツ・アヴェイラブル措置の規律強化、ゼロイング措置の禁止、サンセットレビューの規律強化等については、WTO紛争処理を通じて実質的な規律の明確化がなされてきた経緯がある。こうした中で、日本も国内市場が人口減少で縮小する中、海外からの不公正なダンピング輸入についてはルールを活用して対応する機運が高まり、近年は活用が進んできている[73]。

直近では、経済安全保障推進法においても、第30条においては特定重要物資に関する貿易救済措置の前提となる調査を主務大臣が行うことができる規定が新たに盛り込まれており、経済安保と貿易救済措置が「市場環境整備」の観点で関連づけられている。これにより、日本においても職権調査の円滑化への道筋がつけられた面がある。同法の関連規定により、特定重要物資の主務大臣は貿易救済措置の調査開始に必要となる「十分な証拠」に足る情報を収集し、財務大臣に関税定率法に基づく調査を求めることとなる。ただし、その際、主務大臣から民間企業に対する報告徴収について、応答義務は努力義務に止まっており、企業の自由な経済活動を過度に制約することがないよう、配慮がなされている点にも留意する必要があ

(71) Jun Kazeki, *Anti-Dumping Negotiations under the WTO and FANs*, Journal of World Trade 44. No.5 (2010)。

(72) WTO Negotiating Group on Rules, TN/RL/W/254, 21 April 2011（ADルール交渉議長テキスト含む）。

(73) 産業構造審議会通商・貿易分科会特殊貿易措置小委員会・提言「新たな貿易問題に対応するための相殺関税措置の活用に向けた課題と対応の方向性」(30 Aug 2021)。活用を促す取組として、産業構造審議会通商・貿易分科会特殊貿易措置小委員会・研究会「アンチダンピング措置の共同申請に向けたモデルケース」(26 Oct 2020)、令和3年度国際貿易救済セミナー Challenges and Actions to Improve Access to Countervailing Duty Measures in Japan (September 28, 2021, open to public by youtube November 8, 2021)。その他、Jun Kazeki, Yuko Miwata, *Challenges and Opportunities for Antidumping and Countervailing Duty Measures in Japan and the World*, Global Trade and Customs Journal, Volume 17, Issue 11/12 p.452-518。英文文献として以下の後半部分参照 *Economic Security Policy as Growth Strategy and Recent Developments in Trade Rules* (RIETI Open BBL Webinar, September 6. 2021)。

る。日本は貿易救済措置の発動事例が主要国に比べて少なく、職権調査の事例もない中、本規定も契機に、具体的な案件に即した措置に対する理解、必要な場合の活用に向けた関係者の意識の向上、諸外国との情報・意見交換が引き続き期待される(74)。

特に米国や欧州では、WTO 紛争処理や経済連携協定の実務を行う政府の法律専門家や企業専門家、アカデミアやシンクタンクの有識者などは貿易救済措置の実務経験がベースにあることも多く、人材エコシステムが有効に働いており、ルール・ベースの世界的な経済安全保障を巡る戦いにおいても人材面で優位に立っていることは注目すべきところである。

(74) 風木淳・梶原正太郎「経済安全保障と貿易救済措置について」国際商事法務 WTO アンチダンピング等最新判例解説(91)(2023 年)。

第５章

ロシアのウクライナ侵略・経済制裁と先端・重要技術（ケース・スタディ）

1　経済制裁の経緯

日本は、2014 年 3 月のロシアのクリミア自治共和国及びセヴァストーポリ市の「併合」以来、ロシアによるウクライナの主権及び領土一体性を侵害する動きを深刻に懸念し、ロシアの力による現状変更の試みを断じて認めないとの原則的立場に立脚し、G7 の連帯を重視し対応してきた。

今回、2022 年 2 月 21 日、ロシアは「ドネツク人民共和国」（自称）及び「ルハンスク人民共和国」（自称）の「独立」を一方的に承認し、2 月 24 日ロシアがウクライナへの軍事侵攻を開始した。日本は、ロシアによるウクライナ侵略は、ウクライナの主権と領土の一体性を侵害し、武力の行使を禁ずる国連憲章の深刻な違反、国際法違反であるとともに、力による一方的な現状変更を認めないとの国際秩序の根幹を揺るがすものであり、断じて認められないとの立場で対応した。一連の事態に対し、問題の解決を目指す国際平和のための国際的な努力に我が国として寄与する等のため、G7 等主要国が講じた措置の内容を踏まえ、ロシアへの経済制裁を実施した。欧州に止まらずアジアを含む国際秩序の問題として対応した。

経済制裁は、当該国の政策変更や抑止のための最大限の効果発揮を目指し、同時に国内への影響の最小化を図るものであることが基本である。国際情勢と技術管理が交錯する分野でもある。例えば、輸出管理分野においては、米欧日で連携の上、半導体等のハイテク品の輸出禁止、国際レジュームのリスト外の品目の輸出禁止、先端的な技術である量子技術の輸出禁止などの措置がとられており、先端・重要技術を巡る諸外国の状況、対象品目の選定・評価等で安全保障、経済安全保障への示唆がある。

以下の各表〈表 35 ～ 42〉では、特に当初の 3 ヶ月間を中心に日本政府の措置の概要（総理会見での要旨）(〈表35〉、〈表36〉、〈表37〉)、ロシア等への輸出禁止措置等の全体概要（〈表38〉)、対象品目・技術リストの表（〈表39〉、〈表40〉、〈表41〉)、先端的な物品等の輸出禁止措置の概要を示した(〈表42〉)。特に量子コンピュータや3Dプリンター関連技術含め多様な先端技術が制裁の枠組みで輸出管理に加わっていることは今回のケースで示唆に富む（〈表42〉)。

エネルギー対策・物価対策含め国内措置や産業界との意思疎通も当初段階（〈表35〉）から包括的に行われている。また、国際秩序の維持に係る普遍的価値への対応について迅速に対応できたことは世界的にそうした分野に対応する人材が結集されたことも見逃せない点である。

本書全体の仮説である　①政府全体の取組と各界の関係者の大局的・俯瞰的視点が重要であること（a whole of government approach、a holistic ap-

〈表35　2022年2月25日岸田内閣総理大臣記者会見（概要)〉

2月25日（金）に公表された措置

１．**Ｇ７をはじめとする国際社会と緊密に連携**し、**制裁措置を強化。**
　具体的には２３日に発表した制裁措置（「ドネツク人民共和国」（自称）及び「ルハンスク人民共和国」（自称）との間の輸出入禁止措置を含む）に加え、以下の**３分野**における措置を速やかに実施する。
①**資産凍結と査証発給停止**によるロシアの個人、団体などへの制裁
②ロシアの金融機関を対象とする資産凍結といった**金融分野での制裁**
③ロシアの軍事関連団体に対する輸出、国際的な合意に基づく規制リスト品目や半導体など汎用品の**ロシア向け輸出に関する制裁**

２．今回の事態により、**わが国経済社会に生じるさまざまな悪影響を最小限**にとどめるよう取り組む。

①**エネルギーの安定供給について**
- 国内には、現在、原油については、国、民間合わせて**約２４０日分の備蓄**があり、ＬＮＧについても電力会社、ガス会社において**２～３週間分の在庫**を保有。このため、**エネルギーの安定供給に直ちに大きな支障を来すことはない**と認識。
- ＩＥＡや関係国と協議を行っている**国際協調での備蓄放出**や、産油・産ガス国への**増産働きかけ**など、関係国や国際機関とも連携し**必要な対策を機動的に講じ**、**国際的なエネルギー市場の安定化**と、我が国の**エネルギー安定供給の確保に万全を期す**。

②**原油など燃料価格高騰に対して**
- 国民生活や企業活動への**悪影響を最小限に抑える**。具体的には、**当面は燃油価格の激変緩和事業を大幅に拡充強化**し、小売価格の急騰を抑制する。
- 本対策を中心とし、**業種別対策や地方の取り組み支援**、**中小企業対策なども含む緊急対策**を官房長官の下に設置した関係閣僚会合において早急に取りまとめる。
- 電力、ガスの料金についても燃料費が上昇したとしても**急激な価格上昇が起こらないように取り組む**。

③**その他**
- **貿易保険の迅速な保険金支払**など、輸出入などの事業活動に影響を受ける日本企業の支援も講じる。

〈表 36　2022 年 3 月 16 日岸田内閣総理大臣記者会見（概要）〉

3月16日（水）に公表された措置

米国や欧州などＧ７と連携して、事態の展開に合わせて機動的に厳しい対ロ制裁措置を講じていく。
先般、**Ｇ７首脳で発出した声明を踏まえ、ロシアに対して外交的、経済的圧力を一層強める。**このため、法令上の措置を含め、必要な対応を行う。具体的には**、次の5項目に取り組む。**

①ロシアに対する貿易優遇措置である **最恵国待遇を撤回。**

②**輸出入管理をさらに強化。ロシア向けのぜいたく品の輸出禁止を行う**とともに、**ロシアからの一部物品の輸入を禁止。**今後、速やかに対象品目を特定。

③ＩＭＦ、世界銀行、欧州復興開発銀行を含む **主要な多国間金融機関からロシアが融資を受けることを防ぐよう、Ｇ７で連携して取り組む。**

④プーチン大統領に近いエリート層や財閥、オリガルヒなどに対する**資産凍結の対象の範囲をさらに拡大。**

⑤デジタル資産などを用いたロシアによる制裁回避に対応するため、 **暗号資産交換業者などの協力を得て、金融面での制裁をさらに強化。**

〈表 37　2022 年 4 月 8 日及び 5 月 5 日岸田内閣総理大臣記者会見（概要）〉

4月８日（金）に公表された措置

昨晩、ロシア軍による残虐行為を最も強い言葉で非難し、ウクライナへの連帯を示すとともに、Ｇ７としての追加的な対ロ制裁措置を取ることを表明するＧ７首脳声明が発表された。このＧ７首脳声明を踏まえ、わが国はロシアに対し、次の**５つの柱からなる追加制裁**を科し、**ロシアに対する外交的、経済的圧力を強化**する。これ以上のエスカレーションを止め、一刻も早い停戦を実現し、侵略をやめさせるため、国際社会と結束して強固な制裁を講ずる。

①ロシアからの石炭の輸入を禁止。早急に代替策を確保し、段階的に輸入を削減することでエネルギー分野でのロシアへの依存を低減させる。夏や冬の電力、電力需給逼迫を回避するため、再エネ、原子力など、エネルギー安保および脱炭素の効果の高い電源の最大限の活用を図る。

②**ロシアからの輸入禁止措置の導入。機械類、一部木材、ウオッカなどのロシアからの輸入**について、来週、これを禁止する措置を導入する。

③ロシアへの新規投資を禁止する措置を導入。Ｇ７とも連携し、速やかに措置を導入。

④金融制裁のさらなる強化。ロシアの最大手銀行のズベルバンクおよびアルファバンクへの資産凍結。

⑤資産凍結の対象のさらなる拡大。４００名近くのロシア軍関係者や議員、さらには国有企業を含む約２０の軍事関連団体を新たに制裁対象に追加。これにより、資産凍結の制裁の対象となる個人は、合計約５５０名、団体は合計約４０団体へと広がる。

5月５日（金）に公表された措置

Ｇ７と連携して、ロシアに対する圧力を更に強化すべく、ここに４つの柱からなる新たな追加制裁措置を発表する。
第１に、資産凍結の対象となる個人を約１４０名追加。
第２に、輸出禁止の対象となるロシア軍事団体を更に約７０団体拡大。
第３に、**ロシア向けの量子コンピューターといった先端的な物品等の輸出禁止**を行う。
第４に、ロシアの銀行の資産凍結の対象を追加する。

この新たな制裁措置を含めた我が国の対応について、私から、ジョンソン首相、ドラギ首相に説明し、両首脳から、日本の対露措置に対する高い評価が示された。さらに、それぞれの首脳との間では、引き続きＧ７で協調して、ロシアに対し厳しい制裁を実施していくとともに、ウクライナに対し、様々な面で更なる支援を行っていくことを確認でき、今後のＧ７の連携強化へとつながる有意義な会談となった。

proach（a big picture approach））、②同じゴールを目指す内外の関係機関・関係者との連携（国レベルでは同志国連合も含む）、官民の連携が重要であること（alignment with like-minded partners、public-private partnership）、③人材交流・育成と広く関係者との意思疎通が重要であること（talent ecosystem、communications）本事例においても顕著な面があったと言える。

〈表 38　ロシア等への輸出禁止措置等について（全体概要）（2023 年 2 月 3 日までの措置全体）〉

● ロシアによるウクライナへの侵略に対し、我が国は米国及び欧州諸国と連携し、外為法に基づき、国際平和のための国際的な努力に我が国として寄与するため、以下の輸出入禁止措置を実施。

輸出等禁止措置	**（1）国際輸出管理レジームの対象品目のロシア及びベラルーシ向け輸出等の禁止措置** ※対象品目：工作機械、炭素繊維、高性能の半導体等及び関連技術	【22年3月18日】
	（2）ロシア及びベラルーシの軍事能力等の強化に資すると考えられる汎用品の両国向け輸出等の禁止措置 ※半導体、コンピュータ、通信機器等の一般的な汎用品及び関連技術	【22年3月18日】
	※催眠ガス、ロボット、レーザー溶接機等をロシア向けに追加	【23年2月３日】
	（3）ロシア向け化学・生物兵器関連物品等の輸出の禁止措置 ※化学物質、化学・生物兵器製造用の装置	【22年10月7日】【化学物質35物質追加23年２月３日】
	（4）ロシア及びベラルーシの特定団体（軍事関連団体）への輸出等の禁止措置 ※ロシア国防省、ロシアの航空機メーカー等ロシア336団体、ベラルーシ２７団体。	【22年3月18日、4月1日、5月17日、７月12日、10月3日、23年2月3日団体追加】
	（5）ロシア向け先端的な物品等の輸出等の禁止措置 ※量子コンピュータ、３Dプリンター等及び関連技術	【22年5月20日】
	（6）ロシアの産業基盤強化に資する物品の輸出の禁止措置※貨物自動車、ブルドーザー等	【22年6月17日】
	（7）ロシア向け石油精製用の装置等の輸出等の禁止措置	【22年3月18日、5月20日石油精製触媒追加】
	（8）ロシア向け奢侈品（しゃし品）輸出の禁止措置 ※対象品目：高級自動車、宝飾品等	【22年4月5日】
輸入等禁止措置	**（9）ロシアからの一部物品の輸入等禁止措置** ※アルコール飲料、木材、機械類・電気機械	【22年4月19日】
	※※上限価格を超える原油の輸入禁止、原油輸送関連サービス提供の禁止	【22年12月5日】
輸出入禁止措置	**（10）「ドネツク人民共和国」（自称） 及び「ルハンスク人民共和国」（自称）との間の輸出入の禁止措置**	【輸入禁止は22年2月26日、輸出禁止は22年3月18日】

〈表 39（1）関係　国際輸出管理レジームの対象品目（リスト規制一覧①）〉

2021年1月27日施行版

項番	項目
1　武器	
(1)	銃砲・銃砲弾等
(2)	爆発物・発射装置等
(3)	火薬類・軍用燃料
(4)	火薬又は爆薬の安定剤
(5)	指向性ｴﾈﾙｷﾞｰ兵器等
(6)	運動ｴﾈﾙｷﾞｰ兵器等
(7)	軍用車両・軍用仮設橋等
(8)	軍用船舶等
(9)	軍用航空機等
(10)	防潜網・魚雷防御網他
(11)	装甲板・軍用ヘルメット・防弾衣等
(12)	軍用探照灯・制御装置
(13)	軍用細菌製剤・化学製剤等
(13の2)	軍用細菌製剤・化学製剤などの浄化用化学物質混合物
(14)	軍用化学製剤用細胞株他
(15)	軍用火薬類の製造・試験装置等
(16)	兵器製造用機械装置等
(17)	軍用人工衛星又はその部分品
2　原子力	
(1)	核燃料物質・核原料物質
(2)	原子炉・原子炉用発電装置等
(3)	重水素・重水素化合物
(4)	人造黒鉛
(5)	核燃料物質分離再生装置等
(6)	ﾘﾁｳﾑ同位元素分離用装置等
(7)	ｳﾗﾝ・ﾌﾟﾙﾄﾆｳﾑ同位元素分離用装置等
(8)	周波数変換器等
(9)	ﾆｯｹﾙ粉・ﾆｯｹﾙ多孔質金属
(10)	重水素・重水素化合物の製造装置等
(10の2)	ｳﾗﾝ・ﾌﾟﾙﾄﾆｳﾑ製造用装置等
(11)	しごきスピニング加工機等
(12)	1　数値制御工作機械 2　測定装置
(13)	誘導炉・アーク炉・溶解炉又はこれらの部分品等
(14)	アイソスタチックプレス等
(15)	ロボット等
(16)	振動試験装置等
(17)	ガス遠心分離機ロータ用構造材料
(18)	ベリリウム
(19)	核兵器起爆用アルファ線源用物質
(20)	ほう素１０
(21)	核燃料物質製造用還元剤・酸化剤
(22)	るつぼ
(23)	ハフニウム
(24)	リチウム
(25)	タングステン
(26)	ジルコニウム
(27)	ふっ素製造用電解槽
(28)	ガス遠心分離機ロータ製造装置等
(29)	遠心力式釣合試験機
(30)	フィラメントワインディング装置等
(31)	レーザー発振器
(32)	質量分析計・イオン源
(33)	圧力計・ベローズ弁
(34)	ソレイノイドコイル形超電導電磁石
(35)	真空ポンプ
(35の2)	スクロール型圧縮機等
(36)	直流電源装置
(37)	電子加速器・エックス線装置
(38)	衝撃試験機
(39)	高速度撮影が可能なカメラ等
(40)	干渉計・圧力測定器・圧力変換器
(41)	核兵器起爆（試験）用貨物
(42)	光電子増倍管
(43)	中性子発生装置
(44)	遠隔操作のマニピュレーター
(45)	放射線遮蔽窓・窓枠
(46)	放射線影響防止テレビカメラ・レンズ
(47)	トリチウム
(48)	トリチウム製造・回収・貯蔵装置等
(49)	白金触媒
(50)	ヘリウム３
(51)	レニウム等の一次製品
(52)	防爆構造の容器
3　化学兵器	
(1)	軍用化学製剤の原料、軍用化学製剤と同等の毒性の物質・原料
(2)	化学製剤用製造機械装置等
(3)	反応器又は貯蔵容器の修理用の組立品等
3の2　生物兵器	
(1)	軍用細菌製剤の原料
(2)	細菌製剤用製造装置等
4　ミサイル	
(1)	ロケット・製造装置等
(1の2)	無人航空機（ＵＡＶ）・製造装置等
(2)	ロケット誘導装置・試験装置等
(3)	推進装置等
(4)	しごきスピニング加工機等
(5)	サーボ弁、ポンプ、ガスタービン
(5の2)	ポンプに使用できる軸受
(6)	推進薬・原料
(7)	推進薬の製造・試験装置等
(8)	粉粒体用混合機等
(9)	ｼﾞｪｯﾄﾐﾙ・粉末金属製造装置等
(10)	複合材料製造装置等
(11)	ノズル
(12)	ノズル・再突入機先端部製造装置他
(13)	アイソスタチックプレス・制御装置
(14)	複合材用の炉・制御装置
(15)	ﾛｹｯﾄ・ＵＡＶ用構造材料
(16)	ﾛｹｯﾄ・UAV用加速度計ｼﾞｬｲﾛｽｺｰﾌﾟ等
(17)	ﾛｹｯﾄ・ＵＡＶ用飛行・姿勢制御装置他
(18)	アビオニクス装置等
(18の2)	ﾛｹｯﾄ・ＵＡＶ用熱電池
(19)	航空機・船舶用重力計・重力勾配計
(20)	ﾛｹｯﾄ・ＵＡＶ発射台・支援装置
(21)	ﾛｹｯﾄ・ＵＡＶ用無線遠隔測定装置他
(22)	ﾛｹｯﾄ搭載用電子計算機
(23)	ﾛｹｯﾄ・UAV用A／D変換器
(24)	振動試験装置等、空気力学試験装置・燃焼試験装置他
(24の2)	ﾛｹｯﾄ設計用電子計算機
(25)	音波・電波・光の減少材料・装置
(26)	ﾛｹｯﾄ・ＵＡＶ用ＩＣ・探知装置・ﾚﾄﾞｰﾑ
5　先端材料	
(1)	ふっ素化合物製品
(2)	（削除）
(3)	芳香族ポリイミド製品
(4)	ﾁﾀﾝ・ｱﾙﾐﾆｳﾑ合金成形工具
(5)	ﾁﾀﾝ・ﾆｯｹﾙ等の合金・粉、製造装置等
(6)	金属性磁性材料
(7)	ｳﾗﾝﾁﾀﾝ合金・ﾀﾝｸﾞｽﾃﾝ合金
(8)	超電導材料
(9)	（削除）
(10)	潤滑剤
(11)	振動防止用液体
(12)	冷媒用液体
(13)	セラミック粉末
(14)	セラミック複合材料
(15)	ﾎﾟﾘｼﾞｵﾙｶﾞﾉｼﾗﾝ・ﾎﾟﾘｼﾗｻﾞﾝ他
(16)	ﾋﾞｽﾏﾚｲﾐﾄﾞ・芳香族ﾎﾟﾘｱﾐﾄﾞｲﾐﾄﾞ他
(17)	ふっ化ポリイミド等
(18)	ﾌﾟﾘﾌﾟﾚｸﾞ・ﾌﾟﾘﾌｫｰﾑ・成型品等
(19)	ほう素・ほう素合金・硝酸ｸﾞｱﾆｼﾞﾝ他

*【改正】は2021年1月27日施行。この一覧が改正されていない場合であっても、省令・通達が改正されている場合がある。

〈表 40（1）関係　国際輸出管理レジームの対象品目（リスト規制一覧②）〉

2021年1月27日施行版

項番	項目
6	**材料加工**
(1)	軸受等
(2)	数値制御工作機械
(3)	歯車製造用工作機械
(4)	アイソスタチックプレス等
(5)	コーティング装置等
(6)	測定装置等
(7)	ロボット等
(8)	フィードバック装置他
(9)	絞りスピニング加工機
7	**エレクトロニクス**
(1)	集積回路
(2)	マイクロ波用機器・ミリ波用機器等
(3)	信号処理装置等
(4)	超電導材料を用いた装置
(5)	超電導電磁石
(6)	一次・二次セル、太陽電池セル
(7)	高電圧用コンデンサ
(8)	エンコーダ又はその部分品
(8の2)	サイリスターデバイス・サイリスターモジュール
(8の3)	電力制御用半導体素子
(8の4)	光変調器
(9)	サンプリングオシロスコープ
(10)	アナログデジタル変換器
(11)	デジタル方式の記録装置
(12)	信号発生器
(13)	周波数分析器
(14)	ネットワークアナライザー
(15)	原子周波数標準器
(15の2)	スプレー冷却方式の熱制御装置
(16)	半導体製造装置等
(17)	マスク・レチクル等
(17の2)	マスク製造基材
(18)	半導体基板
(19)	レジスト
(20)	アルミニウム・ガリウム他の有機金属化合物 燐・砒素他の有機化合物
(21)	燐・砒素・アンチモンの水素化物
(22)	炭化けい素等
(23)	多結晶の基板
8	**電子計算機**
(1)	電子計算機等
9	**通信**
(1)	伝送通信装置等
(2)	電子交換装置
(3)	通信用光ファイバー
(4)	〈削除〉
(5)	フェーズドアレーアンテナ
(5の2)	監視用方向探知器等
(5の3)	無線通信傍受装置等
(5の4)	受信機能のみで電波等の干渉を観測する位置探知装置
(5の5)	インターネット通信監視装置等
(6)	(1)から(3)、(5)から(5の5)までの設計・製造装置等
(7)	暗号装置等
(8)	情報伝達信号漏洩防止装置等
(9)	（削除）
(10)	盗聴検知機能通信ケーブルシステム等
(11)	（7）、（8）若しくは（10）の設計・製造・測定装置
10	**センサー等**
(1)	水中探知装置等
(2)	光検出器・冷却器等
(3)	センサー用の光ファイバー
(4)	電子式のカメラ等
(5)	反射鏡
(6)	宇宙用光学部品等
(7)	光学器械又は光学部品の制御装置
(7の2)	非球面光学素子
(8)	レーザー発振器等
(8の2)	レーザーマイクロフォン
(9)	磁力計・水中電場センサー・磁場勾配計・校正装置他
(9の2)	水中検知装置
(10)	重力計・重力勾配計
(11)	レーダー等
(11の2)	光センサー製造用マスク・レチクル
(12)	光反射率測定装置他
(13)	重力計製造装置・校正装置
(14)	光検出器・光学部品材料物質他
11	**航法装置**
(1)	加速度計等
(2)	ジャイロスコープ等
(3)	慣性航行装置
(4)	ジャイロ天測航法装置、衛星航法システム 電波受信機、航空機用高度計等
(4の2)	水中ソナー航法装置等
(5)	(1)から(4の2)までの試験・製造装置他
12	**海洋関連**
(1)	潜水艇
(2)	船舶の部分品・附属装置
(3)	水中回収装置
(4)	水中用の照明装置
(5)	水中ロボット
(6)	密閉動力装置
(7)	回流水槽
(8)	浮力材
(9)	閉鎖・半閉鎖回路式自給式潜水用具
(10)	妨害用水中音響装置
13	**推進装置**
(1)	ガスタービンエンジン等
(2)	人工衛星・宇宙開発用飛しょう体等
(2の2)	人工衛星等の制御装置等
(3)	ロケット推進装置等
(4)	無人航空機等
(5)	(1)から(4)、15の(10)の試験装置・測定装置・検査装置等
14	**その他**
(1)	粉末状の金属燃料
(2)	火薬・爆薬成分、添加剤・前駆物質
(3)	ディーゼルエンジン等
(4)	〈削除〉
(5)	自給式潜水用具等
(6)	航空機輸送土木機械等
(7)	ロボット・制御装置等
(8)	削除
(9)	催涙剤・くしゃみ剤、これら散布装置等
(10)	簡易爆発装置等
(11)	爆発物探知装置
15	**機微品目**
(1)	無機繊維他を用いた成型品
(2)	電波の吸収材・導電性高分子
(3)	核熱源物質
(4)	デジタル伝送通信装置等
(4の2)	簡易爆発装置の妨害装置
(5)	水中探知装置等
(6)	宇宙用光検出器
(7)	送信するパルス幅が100ナノ秒以下のレーダー
(8)	潜水艇
(9)	船舶用防音装置
(10)	ラムジェットエンジン、スクラムジェットエンジン、複合サイクルエンジン等

＊【改正】は2021年1月27日施行。この一覧が改正されていない場合であっても、省令・通達が改正されている場合がある。

〈表41　軍事能力等の強化に資する汎用品等関係　輸出貿管令別表第2の3（貨物）22年4月時点〉

国際輸出管理レジームの対象品目	1 別表第1の1から15までの項の中欄に掲げる貨物	
軍事能力等の強化に資すると考えられる汎用品	2 次に掲げる貨物であつて、経済産業大臣が省令で定めるもの（前号に掲げる貨物を除く。）	
	エレクトロニクス関連	イ 集積回路、アナログデジタル変換器、マイクロ波用機器及びミリ波用機器の部分品、弾性波を利用する信号処理装置及びその部分品、一次セル、二次セル、太陽電池セル、超電導電磁石、超電導材料を用いた装置並びに放電管 ロ 電子式の試験装置、アナログ方式又はデジタル方式の記録装置並びにオシロスコープ及びその部分品 ハ 周波数変換器、質量分析計、フラッシュ放電型のエックス線装置及びその附属装置並びにこれらの部分品、パルス増幅器、信号発生器、遅延時間測定装置、クロマトグラフ並びに分光計 ニ 半導体素子、集積回路及び半導体物質並びにこれらの組立品の製造用の装置並びにこれらの部分品及び附属品 ホ 半導体素子、集積回路及び半導体物質並びにこれらの組立品の試験装置及び検査装置並びにこれらの部分品及び附属品 ヘ レジスト
	電子計算機関連	ト 電子計算機及びその附属装置並びにこれらの部分品
	通信関連	チ 通信装置並びにその部分品及び附属品 リ チに掲げる貨物の試験装置 ヌ 通信装置用の光ファイバーの材料となる物質 ル 暗号装置及びその部分品
	センサー関連	ヲ 音波を利用した水中探知装置及び船舶用の位置決定装置並びにこれらの部分品 ワ 光検出器及びその部分品並びに光検出器を用いた装置 カ 電子式のカメラ及びその部分品 ヨ 光学フィルター並びにふっ化物のファイバーケーブル及びその部分品 タ レーザー発振器 レ 磁力計及びその部分品 ソ 重力計 ツ レーダー及びその部分品 ネ 信号処理装置（弾性波を利用するものを除く。） ナ タに掲げる貨物及びその部分品の試験装置、検査装置、製造用の装置及び工具並びにこれらの部分品及び附属品 ラ 光検出器用の光ファイバー及び光検出器の材料となる物質 ム ふっ化物及びこれを用いて製造した光ファイバーのプリフォーム
	航法装置関連	ウ 慣性航法装置、方向探知機及びアビオニクス装置並びにこれらの部分品 ヰ 航法装置及びアビオニクス装置の試験装置、検査装置及び製造用の装置
	海洋関連	ノ 船舶、水中用の観測装置その他の水中における活動用の装置及び潜水用具並びにこれらの部分品及び附属品
	推進装置関連	オ ディーゼルエンジン並びにトラクター並びにその部分品及び附属品 ク 航空機及びガスタービンエンジン並びにこれらの部分品 ヤ 落下傘（可導式落下傘及びパラグライダーを含む。）並びにその部分品及び附属装置 マ 振動試験装置及びその部分品 ケ ガスタービンエンジンの部分品の測定装置、製造用の装置及び工具並びにこれらの附属品
石油精製関連品目		フ 石油精製用の装置

＊規制の詳細は、輸出貿易管理令等の関係法令を必ず確認する必要

〈表42　ロシア向け先端的物品等（量子コンピュータや3Dプリンター等）輸出禁止等措置の概要　22年5月時点〉

○ロシアによるウクライナへの侵略に対し、我が国は米国及び欧州諸国と連携しつつ、外国為替及び外国貿易法（外為法）に基づき、国際平和のための国際的な努力に我が国として寄与するため、**ロシアへの先端的な物品等の輸出等禁止措置**を導入する旨発表（5月10日閣議了解）。
○今般、外為法第48条第3項に基づく輸出貿易管理令を改正（5月13日閣議決定・公布、5月20日施行）。これに合わせて同日付で関連する省令等を整備することにより、上記に関する輸出等禁止措置を導入。

○追加対象品目（関連技術を含む）
- 石油精製用の触媒
- 量子計算機その他の量子の特性を利用した装置及びその附属装置並びにこれらの部分品
- 電子顕微鏡、原子間力顕微鏡その他の顕微鏡及びこれらの顕微鏡とともに使用するように設計した装置
- 積層造形用の装置（3Dプリンター）並びにこれに用いられる粉末状の金属及び金属合金
- 有機発光ダイオード、有機電界効果トランジスター及び有機太陽電池の製造用の装置
- 微小な電気機械システムの製造用の装置
- 水素（太陽光、風力その他の再生可能エネルギーを利用して製造するものに限る。）を原料とする燃料及び変換効率の高い太陽電池の製造用の装置
- 真空ポンプ及び真空計（量子技術関連）
- 極低温用に設計した冷却装置及びその附属装置並びにこれらの部分品（量子技術関連）
- 集積回路から蓋及び封止材料を除去するための装置
- 量子収率の高い光検出器（量子技術関連）
- 工作機械及びその部分品並びに工作機械用の数値制御装置
- 電磁波による探知を困難にする機能を向上させる材料（メタマテリアル）、ほぼ等しい割合の複数の元素で構成された合金（高エントロピー合金）その他の先端的な材料（一部は量子技術関連）
- 導電性高分子、半導体電性高分子及び電界発光の性質を有する高分子

第6章

経済安全保障と先端・重要技術のケース・スタディ

1　経済安全保障と半導体

（1）概観・経緯

半導体は、現在では、5G・ビッグデータ・AI・IoT・自動運転・ロボティクス・スマートシティ・DX等のデジタル社会を支える重要基盤であり、安全保障にも直結する死活的に重要な戦略技術である。

日本は、90年代には半導体の世界シェアの5割を占めていたが、現在は1割に低迷し産業競争力が低下している。半導体製造のサプライチェーンは素材から製造装置含め非常に長い。日本では設計、前工程製造、後工程パッケージングから販売に至るまで自社を軸に垂直統合型で発展してきた6～7社の主要電気・電子企業が、90年代に家電や電子計算機の時代からパソコン一人一台、電子メール、インターネットの時代に進み、グローバルな半導体需要が飛躍的に伸びる世界で競争力を維持できなかった。ムーアの原則により大規模な設備投資を要する産業の特徴から生じる好不況、いわゆるシリコン・サイクルにおいて、日本の主要企業は、大規模投資を継続できなかった面がある。特に総合メーカーとして家電、電子機器、重電、インフラ、サービスその他多くの部門がある中で不況時に経営者の半導体投資の優先度が下がり、一方で製造に特化した水平分業型の企業（TSMC、サムスン、インテル）や設計に特化したファブレス企業に差を開けられた[75]。また、日本の国内市場が人口減少で縮小する一方で、2000年代後半にはiPhoneが登場するなど、世界市場が飛躍的に拡大する

(75) 一口に半導体といっても、用途に応じて様々な種類があり、メモリー、ロジック、パワー、アナログといった種類毎に生産主体や競争状況が全く異なることに留意する必要があり、ここで述べる内容は一般的な流れを簡略化したものである。

中で、垂直統合下での国内での高品質への拘りや個社の成功体験から脱皮できず、世界的な市場ニーズを捉えたイノベーションを発揮できなかった。素材や半導体製造装置企業などを除き2010年代からのグローバルなAI、IOT、ビックデータ、DX、GXの時代についていけなかった。

政策面では、80年代の日米通商摩擦時代の1986年の日米半導体協定の締結と1991年の協定改定により、保護主義的な内容が影響を及ぼした。特に91年改訂では、米国製半導体輸入の数値目標20%に向けたモニタリングのサイドレターでの合意の有無が取り沙汰されるなどの問題が生じた(76)。自動車も日米の輸出自主規制が90年代に至るまで問題になったが、二国間の数量を含む取り決めは灰色措置と言われ、企業に一定のシェアを付与することで価格・数量が硬直化し、かえって競争がなくなり競争力をそぐ面があり、公正取引委員会でも議論がされた課題であり、1995年のWTO発足によりWTO協定上、こうした灰色措置は原則禁止・廃止されている。日本は1995年の日米自動車協議の結果、WTO協定を理由に数値目標を拒否しており、こうした流れが現在に繋がっているが、1991年当時の半導体協定では、そうしたルール・ベースの対応ができる状況ではまだ無かった。同時に90年代以降、産業政策面では、中長期的な視点やミッションベースの対応が十分でなく、様々な国策プロジェクトが内向きで十分な成果を発揮できなかった(77)。

(2) 半導体戦略2021・その後の進展

こうした反省に立ち、また、世界的な経済安全保障を巡る半導体の地経学的な重要性の高まりを受けて日本も政策対応を抜本的に強化した。日本は「半導体戦略」(2021年6月3日)(78)に示された、IoT用半導体生産基盤

(76) 大矢根聡『日米韓半導体摩擦──通商交渉の政治経済学』(有信堂、2002年) 参照。
(77)「半導体を巡る地経学」(地経学研究所　2022年12月17日Youtube公表、2023年1月9日確認)。
(78) 半導体戦略（概略）(2021年6月3日) https://www.meti.go.jp/policy/mono_info_service/joho/conference/semicon_digital/20210603008-4.pdf (2023年1月9日確認)。最新の状況は、次世代半導体の設計・製造基盤確立に向けて (2022年11月11日) https://www.meti.go.jp/press/2022/11/20221111004/20221111004-1.pdf (2023年1月9日確認)。

の緊急強化（Step: 1）、日米連携による次世代半導体技術基盤（Step: 2）、グローバル連携による将来技術基盤（Step: 3）を軸に一連の支援措置を実施。官民の投資を集中することとした。

サプライチェーンについては、伝統的な問題であり、BCPの観点から1社調達では災害等の場合のリスクがあるため、複数化や多元化は企業の課題である。一方で効率性や合理性は常に意識しなくてはならない。これらに加えて半導体は米中対立、コロナ、ロシアのウクライナ軍事侵攻・侵略、台湾有事の議論を含め、製造の一部地域への集中が地経学リスクとして意識されるようになった[79]。

〈表43　半導体の日米連携の進展〉

半導体のサプライチェーン強靱化・研究開発については、同盟国や同志国・地域で連携して取り組む方向性の中で、日米間では、首脳・閣僚レベルで半導体に係る協力が進展。

5月4日、萩生田前経産大臣とレモンド米商務長官の間で「半導体協力基本原則」に合意。

5月23日、日米首脳会談で「半導体協力基本原則」に基づく、次世代半導体開発の共同タスクフォース設置発表。

7月29日、日米経済政策協議委員会（経済版「2+2」）では、重要・新興技術の育成・保護に向けて、日米共同研究開発の推進に合意。日本側の取組として、研究開発組織（日本版NSTC）の立ち上げを発表。

【参考】第210回国会における岸田総理の所信表明演説2022年10月3日【成長のための投資と改革】そして、「成長のための投資と改革」です。第四に、デジタル・トランスフォーメーション、DXへの投資です。（中略）産業のコメと言われ、大きな経済効果、雇用創出が見込まれ、経済安全保障の要でもある半導体は、今後特に力を入れていく分野です。熊本に誘致したTSMCの半導体工場は、地域に十年間で四兆円を超える経済効果と、七千人を超える雇用を生む、と試算されています。我が国だけでも、十年間で十兆円増が必要とも言われるこの分野に、官民の投資を集めていきます。

(79) 太田泰彦『2030半導体の地政学──技術覇権をめぐる壮大なゲーム』（日本経済新聞出版、2021年）、高乗正行『ビジネス教養としての半導体』（幻冬舎、2022年）。

【半導体協力基本原則】（概要）（2022年5月4日 萩生田前経産大臣とレモンド米商務長官で合意）

以下の基本原則に沿って、二国間の半導体サプライチェーンの協力を行う

1. オープンな市場、透明性、自由貿易を基本とし、
2. 日米及び同志国・地域でサプライチェーン強靱性を強化するという目的を共有し、
3. 双方に認め合い、補完し合う形で行う

□特に、半導体製造能力の強化、労働力開発促進、透明性向上、半導体不足に対する緊急時対応の協調及び研究開発協力の強化について、二国間で協力していく。

(3) 米国の半導体輸出管理

米国は長年、自国の安全保障上の優位を維持するため重要な機微技術（crown jewelryとも呼称される）の保全を重視し輸出管理改革を進めてきた。2018年の国防授権法2019の枠組みにより改正輸出管理法（ECRA）が成立し2017年からのトランプ政権ではその活用が顕著となった。トランプ政権下の2019年／2020年に中国に対する輸出管理の強化を加速させ、エンティティリストへのファーウェイやその関連企業の追加や外国直接製品規制、域外適用強化などを行ってきた他、投資管理や政府調達規制含め機微技術管理を進めてきたところ、基本的な方向性はバイデン政権下にも引き継がれた。バイデン政権は2021年2月に「サプライチェーンに関する大統領令」をはじめとして、半導体、電池・レアアース・医薬品等の安全保障上重要な戦略物資や技術について国内産業基盤の脆弱性分析とその対策を本格化した。2022年8月にはChips and Science Actが成立し総額527億ドル（約7兆円）の支援措置が確保された。輸出管理や投資管理の強化、同志国との協力については、10月12日に公表された米国の国家安全保障戦略にも言及されている。

10月7日には、米国商務省は対中国の新たな輸出管理措置を発表した。米国の安全保障の確保、中国の先端コンピューティングや半導体製造能力の向上の抑止のための措置である。今後の動向が注視されるところである。以下は当該措置の概要（〈表44〉）と関連する米国政府高官の発言（米国

NSA サリバン大統領補佐官（〈表 45〉）、レモンド商務長官（〈表 46〉））である。

〈表 44　〈米国商務省の対中国の新たな輸出管理〉プレスリリース（10/7）から抜粋編集。詳細はリンク参照〉

①半導体製品：AI 処理用の最先端半導体や一定以上の性能を持つスーパーコンピュータ用の半導体の輸出規制、エンティティリスト掲載の中国のスパコン関連企業（28 エンティティ）に対する先端半導体の輸出管理強化（特定の米国原産技術等を用いて製造した半導体は米国のみならず第三国から中国への輸出も許可申請対象） ②半導体製造装置：先端半導体製造装置の輸出管理リスト追加、中国国内で一定性能以上の半導体製造ライン（fabrication facility）で使用される半導体製装置の輸出管理（※ FinFET 又は GAAFET の 16/14nm 以下のロジック半導体製造ライン、18nm-half-pitch 以下の DRAM メモリ半導体製造ライン、128 layers 以上の NAND 型フラッシュメモリー半導体製造ライン）、米国人による半導体製造ラインでの技術提供管理（許可申請対象） ＊同日付で米国商務省は 31 の中国企業（YMTC 等）を未検証リスト（出荷後の検証が十分実施できない）をエンティティリスト（国家安保上利益を害する活動を行うものとして輸出・再輸出規制等を実施）に追加する要件を明確化。 https://www.bis.doc.gov/index.php/documents/about-bis/newsroom/press-releases/3158-2022-10-07-bis-press-release-advanced-computing-and-semiconductor-manufacturing-controls-final/file

〈表 45　米国 NSA サリバン大統領補佐官演説（2022/9/16）[80]〉

米国ホワイトハウス・NSA のサリバン大統領補佐官は、2022 年 9 月の演説で①マイクロエレクトロニクス、量子情報システム、人工知能などのコンピューティング関連技術（Computing-related technologies, including microelectronics, quantum information systems, and artificial intelligence）、②バイオテクノロジーとバイオ製造（Biotechnologies and biomanufacturing）、③クリーンエネルギー技術（clean energy technologies）の 3 分野は技術エ

（80） https://www.whitehouse.gov/briefing-room/speeches-remarks/2022/09/16/remarks-by-national-security-advisor-jake-sullivan-at-the-special-competitive-studies-project-global-emerging-technologies-summit/ （2023 年 1 月 9 日確認）。

コシステムを通じた乗数効果・広がりがあり国家安全保障上も極めて重要であると指摘。また、輸出管理について、先端ロジックやメモリー半導体のリード維持の重要性やロシア制裁の有効性に言及（以下関連部分の英語を“”で引用）。

“... computing-related technologies, biotech, and clean tech are truly “force multipliers” throughout the tech ecosystem. And leadership in each of these is a national security imperative.”

“On export controls, we have to revisit the longstanding premise of maintaining “relative” advantages over competitors in certain key technologies. We previously maintained a “sliding scale” approach that said we need to stay only a couple of generations ahead. That is not the strategic environment we are in today. Given the foundational nature of certain technologies, such as advanced logic and memory chips, we must maintain as large of a lead as possible.”

“Earlier this year, the United States and our allies and partners levied on Russia the most stringent technology restrictions ever imposed on a major economy. These measures have inflicted tremendous costs, forcing Russia to use chips from dishwashers in its military equipment. This has demonstrated that technology export controls can be more than just a preventative tool. If implemented in a way that is robust, durable, and comprehensive, they can be a new strategic asset in the U.S. and allied toolkit to impose costs on adversaries, and even over time degrade their battlefield capabilities.”

〈表 46　米国レモンド商務長官演説（2022/11/30）[81]〉

米国レモンド商務長官は、2022 年 11 月末、米国の競争力と中国に関する演説で半導体を巡る経済安全保障に関連する支援措置や輸出管理について言及（以下関連部分の英語を“”で引用）。

“The CHIPS and Science Act marks the beginning of a new chapter in U.S. innovation where we reverse that decline and ensure that the United States retains its leadership in the technologies and industries of the 21st century. In the coming years, the Commerce Department will invest $52

(81) https://www.commerce.gov/news/speeches/2022/11/remarks-us-secretary-commerce-gina-raimondo-us-competitiveness-and-china（2023 年 1 月 9 日確認）。

billion in domestic semiconductor manufacturing, including workforce training and R&D, to create a vibrant domestic industry.

Through R&D and manufacturing incentives, we are facilitating new public-private partnerships to enable domestic production of the most advanced chips and expand the production of mature chips essential to national and economic security."

"... We are moving aggressively to reform our current capabilities and create new ones to accomplish this goal. Together with the private sector, we are going to bolster our system of export controls, enhance our investment screening regimes, strengthen our supply chain resiliency, and develop innovative solutions to counter China's economic coercion and human rights abuses.

To begin with, we are redoubling our efforts to safeguard our core technologies by strategically and continuously updating our export control policies and investment screening frameworks.

In October, we released a set of rules that impose systematic and technology-specific export controls to limit China's ability to purchase and manufacture certain very advanced computing chips that are used to train large-scale artificial intelligence models, and which power the country's advanced military and surveillance systems, as well as the manufacturing equipment used to make these cutting-edge chips.

In addition, we restricted American citizens from supporting these advanced technology programs.

For too long, America's export control strategy was reactive—focused on preventing China from expanding its technological capabilities after it accessed American intellectual property. But these new rules are strategic, targeted, and designed to protect our national security."

半導体を巡る攻めと守りの施策については今後も注視していく必要がある。特に先端コンピューティングについては、半導体に関連して、AI、量子、クラウド、センサー等含めたあらゆる技術が横断的に関連するところであり、関係する科学技術の専門家と国際政治経済や社会実装含めた社会科学的な専門家の交流が欠かせない。

半導体と経済安全保障についても言うまでもなく、①政府全体の取組と各界の関係者の大局的・俯瞰的視点が重要であること（a whole of government approach、a holistic approach（a big picture approach））、②同じゴールを目指す内外の関係機関・関係者との連携（国レベルでは同志国連合も含む）、官民の連携が重要であること（alignment with like-minded partners、public-private partnership）、③人材交流・育成と広く関係者の意思疎通が重要であること（talent ecosystem、communications）が当てはまる。

2　経済安全保障と量子[(82)]

「量子」とは、粒子や波の性質をあわせ持った、とても小さな物質やエネルギーの単位のことである。物質を形作っている原子そのものや、原子を形作っているさらに小さな電子・中性子・陽子といったものが代表であり、光を粒子としてみたときの光子やニュートリノなどの素粒子も量子に含まれる。原子や分子はナノサイズ（1メートルの10億分の1）あるいはそれより小さな世界であり、身の回りのニュートン力学や電磁気学の物理法則と異なる「量子力学」と言われる特殊な物理法則に従っており、近年は、量子力学の法則を活用した「量子技術」が発展している。コンピュータやセンサー、通信技術等に活用されている。「量子技術」は、原子、電子、光子などの物理現象について、量子特有の「重ね合わせ」や「量子もつれ」といった性質や現象を操作、制御、利活用する技術である。

日本においては、2020年1月21日に統合イノベーション戦略推進会議で決定された「量子イノベーション戦略」が量子技術イノベーションを明確に位置付け、量子コンピュータ、量子通信・暗号、量子AI、量子セキュリティといった重点領域を設定し、量子拠点の形成、国際協力の推進を進められてきた。量子技術の基礎研究から技術実証、オープンイノベーション、知的財産管理、人材育成等を産学官で一気通貫に取り組む拠点として2021年2月に8つの量子技術イノベーション拠点（QHI）が整備され、東京大学を拠点とする「量子イノベーションイニシアティブ協議会」

(82)　内閣府「量子技術イノベーション」https://www8.cao.go.jp/cstp/ryoshigijutsu/ryoshigijutsu.html 他、政府関係省庁HP公表資料を本項目では参照した。（2023年2月5日確認）

(QII 協議会）において同年7月に海外の商用量子コンピュータの実機が初めて導入されている。産業技術総合研究所にも拠点が整備されている。産業界は「量子技術による新産業創出協議会」(Q-STAR）を設立して推進している。

さらに、量子コンピュータの国際競争の激化、コロナ禍のDXの進展、カーボン・ニュートラルの動きなどを踏まえた量子技術の役割の増大を受けて、2022年4月22日に「量子未来社会ビジョン」が策定・決定された。そこでは、①量子技術を社会経済システム全体に取り込み、従来型（古典）技術システムとの融合により（ハイブリッド)、産業の成長機会の創出･社会課題の解決、②最先端の量子技術の利活用促進（量子コンピュータ・通信等のテストベッド整備等)、③量子技術を活用した新産業／スタートアップ企業の創出・活性化、の3つの基本的考え方を踏まえ産学官が一体となって進めていることとされている。そして2030年に目指す状況として、①国内の量子技術の利用者を1000万人に、②量子技術による生産額を50兆円に、③未来市場を切り拓く量子ユニコーンベンチャー企業を創出、するとされている。

特に「量子未来社会ビジョン」において、量子技術は経済安全保障上でも極めて重要な技術であるとされ、量子技術主要3分野の量子コンピュータ、量子ネットワーク（通信・暗号)、量子計測・センシング関連して、必要な基盤材料、半導体素子、製造装置、制御・計測装置、周辺機器などを含めた優位性を確保するための先端技術の獲得やそうした重要な基盤部品・材料等のサプライチェーンの供給確保に向けた戦略の必要性が指摘されている。

こうした点を含めて量子技術に関する経済安全保障の確保のためには、やはり世界のサプライチェーンを「知る」ことにより「チョークポイント」を把握することが重要である。その際、量子技術主要3分野の量子コンピュータ、量子ネットワーク（通信・暗号)、量子計測・センシングに関連して、例えば先端コンピューティングといった切り口からは、半導体、AI、通信・暗号、クラウド、機器、素材含めて幅広く技術を俯瞰することも欠かせない。「量子未来社会ビジョン」や関連公表資料からも明らかなように、社会実装のニーズに応じて、量子コンピュータのノイズやエラーをどう無くすか、量子ビッドをどう構成するかも含めて、これまでの半導体関連技術が当然関連する。量子暗号についいは、例えば暗号鍵配送については、その安全性・セキュリティ面での技術的検証が米中など主要国で議論されており、また、耐量子暗号技術が模索されている。量子計測・センシングについては、宇宙・衛星との連携による地上や空域、海域での位置計測など安全保障含めた様々な利活用が想定されている。

こうした状況において、依存度が高く供給途絶のリスクや脅威がある基盤部品や材料があれば、研究開発の早い段階から将来の社会実装も見据えて供給源の多元化や自律的な開発を進めておく必要がある。また、一方で素材や製造装置のように日本が極めて強い分野が既にあれば、更に磨きをかけるかあるいは次世代に向けた投資を果敢に行い日本の素材や製造装置がなければ量子技術のサプライチェーンが成り立たない形が理想的である。日本の素材や製造措置がなければ社会実装された製品やサービスが実現しない「戦略的不可欠性」があれば、競争上、商業上優位であるだけでなく、日本の個別企業、産業セクター、あるいは国全体に対して、外部から脅威を及ぼすリスクが低減、回避又は抑止される側面もある。

経済安全保障推進法は、先端的な重要技術の開発支援である「経済安全保障重要技術プログラム」やサプライチェーン強靱化に係る施策などを備えており、「量子未来社会ビジョン」に示された政策課題の主に「育てる」や「活かす」対応策に加えた、法制上の実践的対応が期待されるが、さらに、「守る」施策の輸出管理、投資管理、研究インテグリティなども含め、経済安全保障政策体系全体の中で考える必要ある。

この際、国際情勢の把握は不可欠である。「量子未来社会ビジョン」の検討過程で主要各国の取組が資料に示されているが、量子戦略と安全保障が密接に関連しており、イギリスは2014年に既に国家量子技術プログラムを有しており、EUや独仏なども量子技術の支援措置や方針を2010年代後半に打ち出している。米国は2018年に量子情報科学の国家戦略や国家量子イニシアティブ法を策定している。中国は2016年の科学技術イノベーション第13次五ヵ年計画で量子技術支援を明確に打ち出している。

本書の別のケース・スタディで示したとおり、ロシアのウクライナ軍事侵攻・侵略に関係する経済制裁の対ロシア輸出禁止措置については、英国、EU、日本、米国が量子関連技術（量子計算機や関連装置、電子顕微鏡、真空計、冷却装置、光検出器、先端材料など）を通常の国際レジュームの範囲を超える部分も含めて協調して規制しているが、まさに先端・重要技術がいかに戦略的になってきているかを示している。経済制裁は対象国の政策変更に向けて最大限のインパクトを及ぼし、発動国内への影響を最小限にする点で大きな方向性ははっきりしているが、様々なツールで期待される効果が異なる点には留意が必要である。この量子技術に係る経済制裁は、量子技術の安全保障上の重要性から主にロシアの軍事的な能力を中長期的にも削ぎ、他の制裁措置とあいまって侵略行為のコストを最大化することにあると言える。こうした事例では、各国が技術に係る知見を結集して品目の範囲やレベルを検討した上で、更に国際協調の中で調整を行うことが想定されるわけであるが、世界における先行した量子技術開発の発展からも明らかなように日本のみでは世界の技術の動向を把握することは不可能であり、同志国連合や諸外国との意思疎通がいかに大切か分かる。

こうした包括的取組を行うには、「量子未来社会ビジョン」にある人材交流・育成を一層進展させることが期待される。まさに本書が重視する、①政府全体の取組と各界の関係者の大局的・俯瞰的視点が重要であること（a whole of government approach、a holistic approach（a big picture approach））、②同じゴールを目指す内外の関係機関・関係者との連携（国レベルでは同志国連合も含む）、官民の連携が重要であること（alignment with like-minded partners、public-private partnership）、③人材交流・育成と広く関係者との意思疎通が重要であること（talent ecosystem、communications）の3点がこのケースでも当てはまる。

3　経済安全保障と AI(83)

日本においては、2019年6月に統合イノベーション戦略推進会議が「AI戦略2019」を策定・決定し、その後2021年の改訂を経て、「AI戦略2022」が2022年4月22日に策定・決定されている。そこでは、「人間尊重」、「多様性」、「持続可能」の３つの理念を念頭に、５つの戦略目標として、人材、産業競争力、技術体系、国際及び差し迫った危機への対処の取組を具体化している。経済安全保障政策の取組を踏まえ、政府全体として効果的な重点化を図るための関係施策の調整や、量子、バイオ等の戦略的取組とのシナジーを追求すべきことを提示している。

「AI戦略2022」において、AIすなわち「人工知能」（Artificial Intelligence）とは、「知的とされる機能を実現しているシステムを前提とする」とされ、AI関連技術の急速な発展を踏まえ、定義自体が世界的にも必ずしも確定しておらず、単に機械学習・深層学習に基づく技術に限定せず、広く取り扱うとしている。実際、AIは、高度に複雑なシステムに組み込まれるケースが多く、また、大規模なデータ収集・蓄積やアクセス通信基盤、センサーやロボットなどの技術がなければ実装されない面がある。同時にサイバー・セキュリティやAI倫理など併せてシステムの安全性や健全性の担保が社会受容性の鍵となっている。

国内では、同戦略に沿って、「人工知能研究開発ネットワーク」により研究開発に参画する機関間の連携が図られ、各省庁等でのプロジェクトを通じ、スマート農業、交通インフラ、物流、防災、環境観測、リモートセンシング、健康・医療・介護、他言語同時翻訳、脳の知覚プロセスのモデル化、教育改革、素材などものづくり、高度人材育成などの社会実装が進められている。

防衛に資するAI技術の適用に関する研究も防衛省で行われている。AI戦略実行会議の2022年4月14日会合では、防衛省の取組の紹介があり、国防分野において、AI技術は情報処理の高速化・省力化、状況判断・作戦立案、無人機を利用した高度な索敵等への活用が期待されており、米中でAI技術の研究開発に積極的な投資が行われているとし、ゲームチェンジャーとなり得る技術として実装を早期に行う必要があるとしている。具体的には、AIを活用した電波画像識別技術の研究や水中監視用無人機構成要素の研究の事例が紹介されている。

---

(83) 内閣府「AI戦略」https://www8.cao.go.jp/cstp/ai/index.html 他、政府関係省庁HP公表資料を本項目では参照した。(2023年2月5日確認)

一方、「経済安全保障重要技術育成プログラム」の研究開発ビジョン（2022年9月16日）に含まれる技術に関して同年10月の文部科学省の「人工知能（AI）が浸透するデータ駆動型の経済社会に必要なAIセキュリティ技術の確立」に関する研究開発構想によれば、政策的な重要性として、「Security for AI」と「AI for Security」について以下のとおり説明している。「人工知能（AI）の社会実装は、民生部門・公的部門双方において着実に広がり、広範な産業領域や社会インフラなどでAI技術は大きな影響を与えている。しかし、不正アクセスにより秘匿性の高い学習データが復元されて漏洩するリスクや、AIアルゴリズムが窃盗・改ざんされることでAIの判断が意図的にゆがめられてしまうリスクなど、AIそのものを守るセキュリティ（Security for AI）に関する脆弱性がどのようなものなのか、国際的にもまだ十分に理解されていない。」としている。また、「AIを活用したサイバーセキュリティ対策（AI for Security）に関しては、実際にAIを活用したセキュリティ製品やサービスの商用化が進んでいる。一方で、攻撃そのものにAI技術を活用した新たな攻撃手法が広まるなど、年々複雑化・巧妙化するサイバー攻撃に対処することが求められている。」としている。特に前者の「Security for AI」に関しては、日本において、情報セキュリティの3要素であるCIA（Confidentiality（機密性）、Integrity（完全性、保全性）、Availability（可用性））に相当するセキュリティの基本的な考え方や社会的側面への影響に関する知見が十分に蓄積されていないとされている。

米国は安全保障の観点から近年AI政策を抜本的に見直し、予算措置を強化している。「人工知能に関する国家安全保障委員会（National Security Commission on Artificial Intelligence）」の2021年の最終報告書では、ホワイトハウス・国家主導で、①AI時代に生じる脅威や軍事紛争から国家防衛を確保する（AI自律兵器の暴走の制御・管理やAI由来のサイバー攻撃やバイオセキュリティのリスク管理を含む。ロシア・中国など大国による国際秩序へのコミットメントの必要性も指摘）とともに、②米国としてAIの技術競争そのものに打ち勝つため、統合的な国家戦略を打ち出している。その際、バイデン政権として攻めの技術開発・イノベーション支援策を推進する他、技術優位を確保するために同盟国や同志国とともに守りの政策の連携（輸出管理や投資管理など）を行うことについても強調している。

中国は軍の戦略的能力向上のため、機械化や情報化に加え、AIを活用する「知能化」を加速することを2021年から2025年までの5ヵ年計画で明確にしている。

EUも非軍事領域ではあるが、2021年4月に「AI利用に関する包括規則案」を公表、AIシステムのリスクのルールを禁止システム、高リスクシステムなど4段階に分類して示している。

本書の仮説との関係では、先に述べた通り、先端コンピューティングの関連技術に組み込まれているケースが多いことから、そうしたシステム全体を俯瞰して、半導体、量子、通信、センサー、ロボット含めた領域として捉えた「守る」施策を行う必要がある。同時にサイバー・セキュリティやAI倫理など社会受容性の論点があることを踏まえれば、米国やEUなど同志国との意思疎通や意見交換は必須であり、そのために技術と社会科学に通じた人材群が一層重要となっている。

やはり、政府全体の取組と各界の関係者の大局的・俯瞰的視点が重要であること（a whole of government approach、a holistic approach（a big picture approach））、②同じゴールを目指す内外の関係機関・関係者との連携（国レベルでは同志国連合も含む）、官民の連携が重要であること（alignment with like-minded partners、public-private partnership）、③人材交流・育成と広く関係者との意思疎通が重要であること（talent ecosystem、communications）の3点はここでも重要である。

4　経済安全保障とバイオテクノロジー(84)

日本においては、2019年に統合イノベーション戦略推進会議が「バイオ戦略」を策定し、2020年に「バイオ戦略2020」に改訂されているが、「2030年に世界最先端のバイオエコノミー社会を実現すること」を目標に持続可能性、循環型社会、健康（ウエルネス）をキーワードに進められている。ここで言うバイオエコノミーとは、バイオテクノロジーや再生可能な生物資源等を利活用し、持続的で、再生可能性のある循環型の経済社会を拡大させる概念とされる。2021年6月の「バイオ戦略」のフォローアップにおいては、2030年で92兆円規模の市場規模を目指し、バイオ製造、農産品や木材等の一次生産等、健康・医療の3分野について市場領域拡大の具体的な取組を示し、そのための体制としてバイオコミュニティの形成やデータ基盤の整備、国際戦略、人材育成を含めた横断施策を示している。バイオ産業の競争力を扱った2021年2月の経済産業省産業構造審議会バイオ小委員会の報告書によれば、近年の合成生物学の発展が著しく、ゲノム解析のコストは次世代シーケンサー技術により2000年の10万分の1となり、また、革新的なゲノム解析・編集技術が進展し、IT/AI技術と相まって、国際的な競争が激化したとしている。実際、コロナ感染症の関係でもメッセンジャーRNA（mRNA）技術を活用したワクチンは、ウイルスのゲノム配置さえ分かればワクチンの設計・製造が可能なことから、迅速な開発が行われた。こうした健康・医療分野のみならず、素材・材料分野や環境・エネルギー分野でも合成生物技術を活用した遺伝子改変で機能の発現が制御された高度な生物細胞（スマートセル）を利用した付加価値の高い製品が生まれている。例えば、国内のベンチャー企業Spiber（株）は、高強度の蜘蛛糸に着目し、その主成分のタンパク質遺伝子情報を元に独自に合成した素材・繊維を実用化した。

米国では、オバマ政権の2012年にホワイトハウスがバイオエコノミーに関する戦略（National Bioeconomy Blueprint）を発表し、その後のトランプ政権でも取組が強化された。欧州諸国もバイオエコノミー関連の政策や戦略を2010年代に盛んに策定しており、中国は、2015年の「中国製造2025」や、2016年の国家イノベーション戦略でバイオ関係は重点分野としている。こうした中で直近では、ホワイトハウスのサリバン安全保障補佐官が、「バイオ製造」を先端コンピューティングに並んで安全保障上重要な技術と明言するなど、対中国での対抗姿勢を示している。

「バイオ戦略」にあるとおり、日本では、包括的な取組が進められているが、スタートアップやDX人材の育成が急務であり、また、バイオ医薬

(84) 内閣府「バイオ戦略」https://www8.cao.go.jp/cstp/bio/index.html 他、政府関係省庁HP公表資料を本項目では参照した。(2023年2月5日確認)

品等のCMO/CDMO（Contract Manufacturing Organization、Contract Development and Manufacturing Organization）支援による競争力強化の必要性も指摘されている。経済安全保障の取組については、コロナ感染症対応などを契機に機運が高まっており、CMO/CDMO支援の他、抗菌性物質製剤について、経済安全保障推進法上の安定供給確保取組方針を受けた特定重要物資への指定が行われてはいるが、戦略的優位性、不可欠性の研究開発面では、まだ緒についたところである。「経済安全保障重要技術育成プログラム」では、「生体分子シークエンサー等の先端研究分析機器・技術」が位置付けられたに止まる。

本書の仮説との関係では、引き続き、政府全体の取組と各界の関係者の大局的・俯瞰的視点が重要であること（a whole of government approach、a holistic approach（a big picture approach））、②同じゴールを目指す内外の関係機関・関係者との連携（国レベルでは同志国連合も含む）、官民の連携が重要であること（alignment with like-minded partners、public-private partnership）、③人材交流・育成と広く関係者との意思疎通が重要であること（talent ecosystem、communications）を一層進める必要があろう。

5　経済安全保障とレアアース（特に輸出規制関係）

鉱物資源は、日本が大部分を輸入に頼っている現状から、世界情勢の影響を受けやすく歴史的にも安定供給に向けて様々な形で政策が実施されてきている[85]。そのうちニッケル、クロム、コバルト等のいわゆる「レアメタル」は磁性材料や電子部品、特殊鋼の原料として先端技術関連で利用されている。「レアアース」は、31鉱種あるレアメタルの一種で、17種類の元素（希土類）の総称であり、電気自動車等に不可欠な磁石の材料のネオジムやジスプロシウム、ガラス基板の研磨剤や自動車用排ガス触媒のセリウムやランタンなどがある[86]。

レアアースを巡る中国の輸出規制の問題は、2010年7月に中国がレアアース輸出枠を突然4割削減して世界の供給網が乱れたことが端緒であ

(85) 資源エネルギー庁HP「鉱物資源」https://www.enecho.meti.go.jp/category/resources_and_fuel/mineral_resource/situation/001/（2023年1月9日参照）。

り、その後、同年9月に沖縄・尖閣諸島沖で海上保安庁の巡視船と中国漁船が衝突する事件も関連し、日中関係が緊張した時期でもあった。

他方で、この問題は、中国が2001年にWTOに加盟した当初からの問題であり、中国によるレアメタルの輸出税や輸出規制について、WTO協定や中国のWTO加盟議定書との整合性がWTOのみならずOECDでも議論されていた(87)。2008年のWTOパブリック・フォーラムでもレアメタルと市場の問題は議論されていた(88)。2009年には、レアメタルの輸出規制をめぐり米国、EU、メキシコが中国をWTOに提訴した。このケースでは、まだレアアースは対象範囲に含まれていなかったが、2010年の中国の輸出枠削減に対して、米国、EUはじめ追加的に新たな提訴を検討する動きが出てきた。

日本は、対中国の不公正貿易に対するWTO提訴については、2006年の米、EU、カナダによる中国の自動車部品の関税譲許違反の事件では第三国参加程度に止まり、2009年のレアメタルの先行ケースでもそうであった。しかし、レアアースについては、中国への依存度が高く、用途との関係でも国内産業へ影響が極めて大きいことから、当事国となる必要があり、最終的には2012年3月に米、EU、日本の共同での対中国のWTO提訴（WTO上の協議要請の開始）に至った。日本にとっては初の対中国WTO提訴でもあったが同志国との連携で実現した。その後、2014年3月にパネルで勝訴し、同年8月に上級委で勝訴が確定し、中国は同年12月に輸出数量制限を撤廃し、翌年5月には輸出税も撤廃した。

このケースでは日米EUが連携しルール・ベースでの対応を行ったことから、WTO提訴後に中国側からの目立った報復措置はなかった。更には、国が最後は前面に立って対応するという形での法の支配に基づくルー

---

(86) 経済産業省HP製造産業局の「レアアース」関係参照 https://www.meti.go.jp/policy/nonferrous_metal/rareearth/rareearth.html（2023年1月9日参照）。

(87) *Analysis of Non-Tariff Measures: The case of Export Restrictions*（OECD 2003), reproduced by *Looking Beyond Tariffs, The Role of Non-Tariff Barriers in World Trade, Chapter 6*（OECD Trade Policy Studies 2005）。*Analysis of Non-Tariff Measures: The case of Export Duties*（OECD 2003), reproduced by *Looking Beyond Tariffs, The Role of Non-Tariff Barriers in World Trade, Chapter 5*（OECD Trade Policy Studies 2005）。

(88) *Markets for Raw Material and Energy and the WTO,* WTO Public Forum 2008。

ル・ベースの対応が企業の予見可能性を高めた面がある。サプライチェーンの混乱への懸念への対策ともなり、日本や共同提訴国のみならず世界市場の安定、ひいては世界経済全体の安定成長へ少なからず寄与した面もあろう。特にWTO提訴そのものがすべての解決策となるものではなく、2010年７月の問題発生当初から、国内政策において総合的な対策（いわばholistic approach）をとって、レアアースについて、代替技術の開発、リユース、リサイクルの推進や海外鉱山開発支援などの国内政策や予算措置も含めて対応したことは重要である。この結果、対中輸入依存度は事案当初の９割程度から、2018年には約６割に下がっている。もちろん中国が国内規制を中心に別の管理措置を導入したり、精錬事業などを寡占的に展開するなど、特定技術・特定品目の依存度の問題は依然として残っており、近年でも経済安全保障推進法による安定供給確保措置の導入含め今後の課題が残る点には特に注意する必要がある。

いずれにせよ、こうした同志国連携や政府全体で内外政策連携が進んだのは、官民含めた多くの人材が結集されたことも大きな要素であったことも重要であったと言える(89)。

本書が重視する、①政府全体の取組が重要であること（a whole of government approach、a holistic approach（a big picture approach））、②大局的・俯瞰的視点で内外関係機関との連携、官民の連携が重要であること（alignment with like-minded partners、public-private partnership）、③人材交流・育成と広く関係者との意思疎通が重要であること（talent ecosystem、communications）の３点が典型的に示されたリーディング・ケースの一つであり、今後の課題に対応するためにも重要なケースであると考えられる。

6　今後のケース・スタディ

本書では、経済安全保障と先端・重要技術について、横串的にロシアの

(89) 更なる詳細や舞台裏は以下を参照。「レアアース紛争、立役者２人が語る「日本勝訴」の舞台裏」（METI Journal 2022. 8.16）https://journal.meti.go.jp/p/22987/（2023年１月９日確認）。

ウクライナ軍事侵攻・侵略に対する経済制裁の事例を取り上げ、その中で量子技術や3Dプリンター規制などの先端・重要技術の規制を例示した。また、技術分野の具体的な事例として半導体、量子、AI、バイオテクノロジー、レアアースを取り上げた。

しかしながら、今後の実践に活かす上でこれらについても更なるケースの内容の精査や深掘りが不可欠であり、また、カバーすべき技術分野としてこれだけでは十分でないことは言うまでもない。刻々と動く世界情勢や技術革新をとらえた果敢なケース・スタディが一層必要とされるところである。

その際、国内はもとより、米国や欧州など海外の政策当局やシンクタンク、アカデミア、民間企業等とも、当初の構想やドラフト段階から発信と議論を通じた切磋琢磨を行い、常にエコシステムの「インナー」となっておく必要がある。

先端コンピューティング関連技術や、AIとバイオテクノロジーの関係などは分野横断的視点も含め、急速な発展を先取りした攻めと守りの対応が欠かせない。関連する技術に関する論文や特許など世界のマクロ統計データの分析も有用であろう。また、本書で直接取り上げていないサイバー・セキュリティ、宇宙、海洋、健康・医療、エネルギー・脱炭素関連の切り口での技術分野は、経済安全保障政策との関連でも日本国内で各政策の進展に応じて関係する専門家、専門機関やシンクタンクでの検討なども含めて相当な蓄積があると考えられるが、今後も具体的なケース・スタディを通じて一層の調査研究が必要となろう。

地球環境問題、GX（グリーン・トランスフォーメーション）・脱炭素を巡っては、クリーン技術、蓄電池、原子力関連技術など、戦略的な技術分野は枚挙にいとまがなく、攻めと守りの施策を一層推進する必要がある。例えば、米国の2022年のインフレ削減法（IRA: Inflation Reduction Act）によるクリーンエネルギー支援の中で電気自動車（EV）購入の税制優遇措置について、北米でのEV組立て義務や部品比率の義務付け、使用鉱物のFTA国限定といったWTO協定上の問題が生じる国内産品優先・保護主義的措置が議論となっており、こうした施策が同志国での攻めと守りの施策の連携や、サプライチェーンの協調・補完的取組である、いわゆるフレンド・ショアリングの動きに水を差す懸念がある。こうした事例で目前の事案処理はもとより、ケース・スタディとして蓄積し、全体を俯瞰した実践論に繋げることは有用である。また、電池戦略や半導体戦略を巡っては、従前より伝統的な国内の予算獲得のための日本の企業連合、いわゆる日の丸型の施策ではなく、その対比で、国内外の企業でグローバルに連携して初めから世界市場を睨んで戦略を立てるべきとの議論が定着してきている。こうした点も今後のケース・スタディでは留意すべき点である。

本書の仮説で触れているとおり、全体を俯瞰しつつ、攻めと守り、内外連携、官民連携を進め、内外で既に進捗している調査研究は最大限活用して重複を避けつつ、一方で、戦略的に進めるべき調査研究は一層深掘りすべきである。公表、非公表も戦略的な対応が求められる。

例えば、「経済威圧」を巡って、過去のケース・スタディの集積や公表が、経済威圧の当該発動国にとって中長期的には負の経済効果がある事例などは、学習効果が期待でき、抑止力になる可能性がある。

一方で、経済制裁を巡っては、ロシアの事例で第三国を通じた迂回や制裁逃れ、制裁そのものへの非参加国の問題があったことに留意する必要がある。台湾有事の事例で米国で議論されているように、将来の経済制裁の可能性の想定による懸念事態への抑止効果の期待がある一方で、予めそうした迂回・制裁回避、制裁非参加の政治的働きかけの可能性を事前に調査研究・実施する動きも当然想定されるところである。こうした点で、例えば、貿易分野と金融・為替分野など横断的な大きな視点での連携や、戦略・知見の結集に向けたあらゆるレベルでの世界的な連携や競争に日本としても果敢に参画していくことが望まれる。いずれにせよ、こうした取組には、人材交流・育成や幅広い関係者との意思疎通や信頼醸成措置も重要である。同志国側に与しない関係者との意思疎通についても双方にとって想定外の不測の事態を避ける意味で重要なことは普遍的に指摘されるポイントであり特に留意する必要がある。

おわりに

本書では、経済安全保障と先端・重要技術について、多様な側面について攻めも守りも含めて大局的に俯瞰してきたが、今後も更なる課題と機会の探求に加え、先に述べたケース・スタディの積み重ねや深掘りが重要である(90)。

世界経済の持続的成長のためには、日本の経済成長が世界に遅れをとってはならない(91)。

本書の仮説である、①政府全体の取組と各界の関係者の大局的・俯瞰的視点が重要であること（a whole of government approach、a holistic approach（a big picture approach））、②同じゴールを目指す内外の関係機関・関係者との連携（国レベルでは同志国連合も含む）、官民の連携が重要であること（alignment with like-minded partners、public-private partnership）、③人材交流・育成と広く関係者との意思疎通が重要であること（talent ecosystem、communications）の３点は、本書を通じ繰り返し強調してきたところである。こうした点は、経済安全保障と先端・重要技術の問題のみならず、山積するする日本及び世界の課題に一つの視座を提供することも期待したい。

---

(90) *Economic security in the Indo-Pacific: Implications for US-Japan relation*（Brookings Institution, November 7, 2022）https://www.brookings.edu/events/economic-security-in-the-indo-pacific-implications-for-us-japan-relations/（2023 年 1 月 9 日確認）。*Economic Security and Emerging Technology-Japan's Perspective for Pursuing a Technology Alliance*（US Sasakawa Peace Foundation Next Alliance Initiative Conference, November 2022）https://spfusa.org/publications/economic-security-and-emerging-technology-japans-perspective-for-pursuing-a-technology-alliance/（2023 年 1 月 9 日確認）。風木淳「経済安全保障と先端・重要技術――貿易管理、米中技術覇権争い、ウクライナ情勢・対露経済制裁含む動向と課題」（第 105 回 GRIPS・GIST セミナー 2022 年 10 月 15 日）https://gist.grips.ac.jp/events/2022/94f4fe87990c92f1bddd3f89e9e096b99ecaf03e.pdf（2023 年 1 月 9 日確認）。

(91) 福川伸次「私の履歴書 2020 年 12 月――成長戦略で世界に遅れ「着眼大局、着手小局」国家の要請」日本経済新聞（2020 年 12 月）。

〈著者紹介〉

風木　淳（かぜき・じゅん）

1966年広島県生まれ。1990年東京大学法学部卒業。米国コロンビア大学ロースクール・法学修士、ニューヨーク大学ロースクール・経済法学修士、ニューヨーク州弁護士。

1990年に通商産業省（現：経済産業省）に入省し、公正取引委員会、貿易局為替金融課、大臣官房秘書課研修・採用担当、経済協力開発機構（OECD）、ジュネーブ国際機関日本政府代表部、通商機構部参事官、安全保障貿易管理課長、資源エネルギー庁資源・燃料部政策課長、製造産業局総務課長、大臣官房審議官（経済産業政策局担当）、内閣官房内閣審議官・日本経済再生総合事務局次長（未来投資会議構造改革徹底推進会合担当）、経済産業省貿易管理部長・大臣官房経済安全保障政策統括調整官等を歴任。2022年７月より政策研究大学院大学政策研究院参与（経済安全保障と先端・重要技術）。

＊OECD（パリ）では、国際機関事務局上席貿易政策分析官としてシンクタンク経験も有する。文献・アカデミック調査、分析手法・方法論確立、政策提言、データ蓄積、実施・実装サイクルを中長期で経験（規制改革、貿易と構造調整、輸出税・輸出規制の分析、サービス貿易セクター分析）。

経済安全保障と先端・重要技術
—実 践 論—

2023(令和５)年４月30日　第１版第１刷発行

著　者　風　木　　淳
発行者　今井 貴・稲葉文子
発行所　株式会社 信　山　社
〒113-0033 東京都文京区本郷6-2-9-102
Tel 03-3818-1019　Fax 03-3818-0344
info@shinzansha.co.jp
笠間才木支店 〒309-1611 茨城県笠間市笠間515-3
Tel 0296-71-9081　Fax 0296-71-9082
笠間来栖支店 〒309-1625 茨城県笠間市来栖2345-1
Tel 0296-71-0215　Fax 0296-71-5410
出版契約 No.2023-8505-5-01011 Printed in Japan

印刷・製本／藤原印刷
ISBN 978-4-7972-8505-5 C3332
分類329.200 国際関係 012-010-008 p.124

国際経済社会法で平和を創る　吾郷眞一

国際協力と多文化共生　芹田健太郎

戦後農地制度史 — 農地改革から農地バンク法まで　奥原正明

ビジネスパーソンのための　日本農業の基礎知識　奥原正明

地理的表示と日本の　地域ブランドの将来　荒木雅也

日本の海洋政策と海洋法（増補第2版）　坂元茂樹

漁業法制史 — 漁業の持続可能性を求めて〈上・下〉　辻 信一

新漁業法　辻 信一

新海商法（増補版）　小林 登

環境法研究 1〜15号 続刊　大塚 直 責任編集

わか〜る環境法（増補改訂版）　西尾哲茂

宇宙六法　青木節子・小塚荘一郎 編集